1日10分!

「音読」で国語の成績は必ず上がる!

中学受験コンサルタント
齋藤達也
Tatsuya Saito

あさ出版

なぜ、あなたのお子さんは、
国語が「嫌い」で「苦手」なのでしょうか？
ちょっとここで、「国語嫌い」な子どもの心の中を
覗いてみましょう。

文章読むのって、
めんどくさいし、
ヤだな〜〜〜
まんがなら
好きなんだけど

国語は、
文章読まなきゃ
いけないから
やりたく
ないんだよな～……
ねむ…

国語が苦手なお子さんほど、
「長い文章は嫌だ」「難しい文章は読みたくない」
という気持ちでいっぱいです。

こんな気持ちでいれば、当然、国語の勉強はしませんし、
したとしても、手を抜きます。
(そのくらい文章アレルギーがあるのですね)

その結果……

やべ～、
またこんな点数
取っちゃったよ……
小林～
はーい
30

こうして、最初のページに戻る……といった
「国語嫌い・負のスパイラル」
を繰り返します。

ここから抜け出すには、そう、

「国語力」

を身につけて、
「文章がスラスラ読める」「国語が得意！」
になるしかありません。

これからご紹介していく正しい勉強法を続ければ、
どんなに「国語嫌い」で、「いちばん苦手な教科」でも、
「国語力」
は、必ず身につき、
国語の成績もどんどん上がっていきます。
それだけではなく、国語の成績に比例して、
ほかの教科も伸びていくのです。
（苦手だった子ほど、大きく伸びていきます）

さあ、さっそく実践していきましょう!!

はじめに

まずはじめに言いたいのは、「これ以上、貴重な時間を無駄にしないでください」ということです。

というのも、間違った勉強方法では、何時間・何日・何年がんばっても、国語の問題を解く力は身につかないからです。そして残念ながら、国語の成績に悩むお子さんほど「間違った勉強法」をしているのです。

この本を手に取られたということは、きっとお子さんの国語の成績に悩まれているのでしょう。

あなたが感じている通り、勉強や受験において、国語は非常に重要な科目です。そして、**「すべての科目の成績は、国語で決まる」**といっても過言ではありません。

これまで私は、数多くの中学受験生を指導してきました。そして、気づいたのです。「合格していくのは、国語の成績がいい子が圧倒的に多い」という事実に。

国語は、「日本語の文章を理解する」科目です。そして、すべての教科の問題は「日本語の文章」で書かれています。国語力を身につけることで、ほかの教科の成績アップにもつながり、合格率が大きく変わってくるのです。

一方で、国語は、「勉強の仕方がわからない」「いくら問題を解いても伸びない」といったことがよく言われる科目です。そのため、「理系のうちの子には、国語のセンスがないから無理！」とあきらめてしまう親御さんもいらっしゃいます。

たしかに、国語はほかの科目と比べて、多少わかりにくい科目かもしれません。しかし、**国語は決してセンスなどではなく、正解を導くためのプロセスがはっきりと存在します**。正しく勉強をすれば、おもしろいように成績が上がる科目なのです。勉強しなくても国語が得意という子どもは存在します。ただそれは、無意識のうちにプロセスを追っているのに、どんなプロセスを追っていったかを説明できないだけなのです。

では、国語力を身につけるためのいちばんの近道はなんでしょうか？

それは、「マネをすること」です。

この本では、誰でもすぐに実行できるよう、問題文の読み方、設問の解き方をいくつかの簡単なルールにまとめました。まずは、このルールをマネすることが国語力を伸ばす第1歩です。

実際、私が指導してきた子も、このルールをマネたことをきっかけに、問題文を読むコツ、正解を出すコツを身につけることに成功して、ぐんぐん国語力が上がり、続々と志望校に合格していっています。

あなたのお子さんは能力がないわけでも、センスがないわけでもなく、このルールを使った「1歩」を踏み出していないだけです。

必ず成果は表れます。

この本が、あなたのお子さんの「苦手……」を「得意！」に変えるきっかけとなれば幸いです。

中学受験コンサルタント　齋藤達也

第2章
国語が苦手な子の「国語力」がどんどん伸びる勉強法

第3章

どんな難しい文章でもスラスラ読み解ける！ 〝説明文〟7つのルール

第4章 登場人物の気持ちがおもしろいほどつかめる！ “物語文” 5つのルール

第5章
答えるツボを押さえて、さらに得点アップを目指そう！

本文イラスト　さわだりょうこ

第1章

誰もが持っている「5つの力」で国語力は必ず上がる！

国語力さえあれば、国語の成績はどんどん上がっていきますが、残念ながら、ほとんどの方は、国語力の身につけ方がわかっていません。

第1章では、まず、「国語力」とは何か、さらにどんなことをすれば、「国語力」を伸ばしていけるかについて説明します。

劇的に理解を深め、点数を上げる国語の「5つの力」

国語は、具体的に何を勉強すれば成績が上がるのかがわかりにくい科目です。算数であれば例題を使って解き方を理解し、練習問題で身につける。理科や社会はまず最低限の知識を覚え、練習問題で使える知識に変えていく。こういった感じで、一定の方法が思い浮かびます。

しかし、国語の場合はどうでしょう。なんとなく読解問題を解いて答え合わせをする。復習の方法もよくわからないので、あとは漢字でもやっておこう……で終わってしまっているのではないでしょうか。

これでは国語が得意になることも、成績が上がることも、絶対にありません。なぜなら、ただ読解問題を解いて漢字を覚えるというだけでは、具体的に弱点を克服する勉強になっていないからです。

勉強というものは弱点を克服するのが目的ですし、弱点が克服できなければ成績が上がるということはありません。そのためにはまず、お子さんの弱点がどこにあるのかをはっきりさせなくてはいけません。

しかし、国語には「単元」という概念がないために、弱点というものが非常にわかりづらい科目です（説明文、物語文、詩などといった分け方は可能ですが、それらはあくまで文章の種類に過ぎず、具体的な弱点を見つけたり克服したりする要素にはなりません）。

弱点を見つけるためにはまず、国語を得意にする上で必要な能力をはっきりさせる必要があります。これをあいまいにしてしまうと、「何を勉強すればいいのだろう？」ということになってしまいます。

では、国語力を上げるために必要な力とはなんなのでしょうか？　それは、次の5つです。

❶最後まで文章を読み切る力

国語というのは文章を読んで答える科目です。ですから、「文章を最後まで読みきる力」というものが必要になります。文章を最後まで読みきることができなければ、設問を解くというスタートラインにすら立つことができません。

❷客観的に文章を読む力

国語では、文章を読んで「何を感じたか」や「自分だったらどうするか」といった各個人の意見や感想というものは問われていません。求められているのは「何が書かれていたのか」を読み取る能力です。主観をはさむことなく、常に客観的に読む力が重要になります。

❸文章を要約する力

国語の問題には、非常に長い文章もあります。設問に答えるためには文章に書かれていることを覚えていなければいけませんが、すべてを記憶するのは不可能です。そのため、文章を要約して、ポイントだけを覚えていくという力が要求されます。

❹文章を読むための文法力

文章というのは「コミュニケーションツール」です。他人同士がコミュニケーションを取る（意思の疎通を図る）ためには、共通したルールが必要です。そのルールが「文法」です。文法の知識がなければ、当然、筆者の考えを読み取ることができませんから、最低限の文法知識が必要となります。

❺ 語彙《ごい》力

言葉がわからなければ、文章を読むことなど不可能です。たとえば中学受験では大人向けの文章が出題されるので、必要な言葉の数は増えていきます。多くの言葉の意味がわかることは大きなメリットになっていきます。

国語の勉強というのは、ただ読解問題を解いて、答え合わせをして終わり……ではありません。繰り返しになりますが、これでは、ほとんど意味がないのです。この方法では、勉強時間を無駄にするだけでしょう。

具体的な勉強方法についてはのちほど説明していきますが、**この5つの力を身につけるトレーニングをすれば、間違いなく国語力は上がっていきます。**

鉄則1

解かないでいい、とにかく音読！
～最後まで文章を読みきる力～

国語を得意にする上で最も重要なことって、何かわかりますか？ それは、最後まで文章を読みきることです。「そんなこと？」と思われるかもしれませんが、じつはこれが何よりも大切な力なのです。

この力がつかない限りは、どんなに読解技術を身につけようと、どんなに解答技術を身につけようと、国語が得意になることはありません。

国語の読解問題というものでは文章の内容を正しく読み取り、設問に正しく答えることが求められています。ですから、最後まで集中して文章を読む力がなければどうにもなりません。どれほど長く難しい文章であっても「最後まで読みきる」。**この力こそが、国語で点を取るために必要な、最低限かつ絶対的な力です。**

ところで、あなたのお子さんは読解問題を解くときに、ちゃんと最後まで文章を読んでいるでしょうか？「もちろん読んでいるに決まっている」と思っているかもしれませんが、あなたがそう思い込んでいるだけかもしれません。

実際、**私がこれまで会ってきたお子さんのうち、国語が苦手な子の約半数以上は、文章を最後まで読まずに設問に答えていました。**そういう子たちがどうやって答えを出しているかというと、傍線部分の付近だけを探して答えっぽいものがあればそれを選び、そこで見つからなければ「なんとなく」で答えを選んでいるのです。

こういった方法で解いていては、どれだけ問題の数をこなしたとしても、力がつかないのは明らかです。

お子さんがこういった解き方をしていないかどうかまずは今一度確認してみてください。ちなみに「明らかに間違いの選択肢を選んでいる」「記述問題が毎回ほぼ空欄」といった子は、読めていない可能性が高いので、要注意です。

では、どうすれば最後まで文章を読みきる力を身につけることができるでしょうか。

じつはこれ、方法は1つしかありません。

数多くの文章を読んで文章に慣れること。これに尽きます。

ガッカリされたかもしれませんが、これ以外の方法はありません。

たとえば、計算が苦手であれば計算練習をすると思いますし、漢字が苦手なら何度も繰り返し練習して覚えると思います。それと同じです。

文章を読むのが苦手であれば、数多くの文章を読んで文章に慣れるしか方法はないのです。

文章に慣れるというと読書を真っ先に思い浮かべるかもしれませんが、個人的には読書はあまり効果がないと考えています。というのも、読書というのは基本的に自分の好きな本を読むからです。

自分の好きな本というのは、当然ですが、本人にとって読みやすい文章です。しかし、今、身につけたい力は、「読みづらい内容の文章であっても、最後まで読みきる力」です。好きな内容の文章をいくら読んで文章に慣れたところで、テストや入試で自分の苦手とする文章が出てきたらお手上げになってしまいます。

また、これはあくまで私がこれまで会ってきた子のデータですが、読書好きな子が必ずしも国語が得意なわけではありません。読書は好きだけど国語は苦手な子もいれば、読書は嫌いだけど国語が得意だという子もいて、読書量と国語の得意不得意はそれほど因果関係がないのではないかと私は考えています。

じゃあ、何をすればいいのかということになりますが、答えは簡単です。**学校の教科書をはじめ、課題図書、市販のテキストや問題集、過去問などの本文（問題文）を、できる限りたくさん読むようにさせてください。設問を解く必要はありませんので、問題文を「音読」させてください**（※音読をする理由はのちほど説明します）。

目安としては、「1日1文章」です。設問を解かずに問題文だけを読むのであれば1文章につき10分程度だと思いますので、決して不可能なことではないと思います。これを1カ月ほど続けるだけで、お子さんの文章を読む力は格段にアップします。

問題を解くのは、文章を読む力がついてからでも遅くはありません。というか、むしろ「文章を読みきれないのに設問を解いても意味はない」のです。まずは「1日1文章を音読」から始めてみてください。

鉄則2

自分がどう思ったか？は捨てる！
～客観的に読む力～

受験国語で点を取るためには「客観的」に文章を読むことが非常に大事です。**客観的に文章を読む力をつけることが、国語の点数を上げるための大きなカギとなります。**

ちょっと、お子さんの国語のテストを見てみましょう。読解問題のはじめには必ず次のようなことが書かれていませんか？

次の文章を読んであとの問いに答えなさい。

そうです。国語という科目は、文章を読み、「そこに何が書かれていたか？」を答えることが求められているのです。逆に言えば、「文章に書かれていないことは答えてはいけない」ということ。書かれていないことを答えた時点で、その解答はペケになってしまいます。

ですから、文章を読むときには「どう思ったか」ではなく「何が書いてあったか」を意識していくことが重要なのです。

時々、「文章は読み手によって感じ方が違うから、解答は1つに決まらない」と考えている方がいらっしゃいます。たしかにそれはその通りです。しかし、国語の問題で問われているのは、意見や感想ではありません。

「問われているのは文章に何が書かれていたのか？」です。口悪く言えば、「解答者の意見なんて聞いてもいなけりゃ、興味もない」のです。

たとえば、「脱原発は日本の産業を停滞させるからするべきではない」といった趣旨の文章があったとします。この文章に対して賛成だったり反対だったりといろいろ意見はあるでしょう。また、賛成や反対の理由まで含めれば、それこそ読んだ人の数だけ感想があると思います。

しかし、書かれていることは「脱原発は日本の産業を停滞させるからするべきではない」です。誰が読み手であろうと、それ以上でもなければそれ以下でもありません。

中学受験の国語の問題では、脱原発に賛成とか反対とかいう意見を求めているのではありません。出題者が知りたいのは、「『日本の産業を停滞させるという理由で脱原発に反対している』という筆者の意見を解答者が読み取っているかどうか?」なのです。

ですから自分の意見や思い込みを排除して、客観的な読み方ができるようになる必要があります。

そこで出てくるのが、線引きや印づけです。しかし、ただやみくもに線を引いたり、印をつけたりすればいいというものではありません。**大切なのは、一定のルールに基づいて線を引くということです。**

しばしば、「大事なところに線を引きなさい」という線の引き方をさせる方がいますが、これでは主観的な読み方を助長してしまいます。なぜなら「大事だと思うところ」は人によってさまざまで、それこそ主観以外の何物でもないからです。

そうならないようにするためには、まず一定のルールづくりが必要です。細かいルールについてはのちほど説明しますのでここでは省きますが、文章を読む際には客観的に読むことを徹底させるようにしてください。

国語の答えは「1つ」しかない！

（国語の問いに対する答えは、解答者の頭の中ではなく、問題文の中にあります。文章の中にない答えを、勝手に考えてはいけません。）

× 解答者がどう思ったか（＝主観）。

う〜ん
私だったら
こうするな〜

○ 問題文に何が書いてあったか（＝客観）。

そうそう
ここに
書いてあった！

鉄則3

読むスピードは気にしない！
～要点をまとめる力～

国語で点を取るためには、本文（問題文）をただ読めばいいというわけではありません。なぜ本文を読むのかといえば、問題に答えるためです。ですから、ただダラダラと読むのではなく、「問題に答える」という明確な意識をもって読む必要があります。

もし仮に本文を一読してすべての内容を覚えきれるのであれば、これほど楽なことはありません。ただ、４０００字を超える長文もありますから、すべて覚えるということはまず不可能です。

ここで重要になってくるのが、「要約力」です。**要約力があるかないかで設問を解く時間は大きく変わりますし、もちろん得点も変わります。**

国語のテストで解答時間が足りなくなるという悩みを持つお子さんも多いと思いますが、解けない原因を「文章を読むスピードが遅いこと」だと思ってはいないでしょうか。

しかし実際には、文章を読むスピード以上に解答を探すのに時間がかかっているケースのほうが多かったりもします。

「あれ？　どっかに書いてあったな……どこだっけ？」と思いながら、うっすらとした記憶を頼りに文章を読み返すけれども、なかなか見つからないために始めから終わりまで読み直すはめになった……なんてこともよく聞きます。

つまり、解答を探す過程で、気がつけば二度、三度と本文を読んでしまっていたりするのです。

これではいくら文章を読むスピードを上げたとしても、時間が足りなくなってしまうのは当然です。国語で点を取るために必要なのは、「文章を読むスピード」ではなく（もちろん一定以上のスピードは必要ですが）、要点を押さえながら文章を読む習慣を身につけることです。

国語の得意な子は、意識的（無意識の子もいますが）に段落ごとに要点を頭で整理しながら読み進めているので、問題に答える際に「たしかあのあたりに書いてあったな」という記憶が正確です。そのため、解答するまでの時間が圧倒的に短いのです。

こういったことはいくら読解問題をこなしても身につく能力ではありません。というのも、これはそもそも解き方の話ではなく、文章の読み方の話だからです。


国語の苦手な子の共通点として、短い文章だとそれなりに点が取れるけれど、長くなると歯が立たないことが挙げられます。また、今までそれほど国語を苦手としていなかったのに、学年が上がったら急に点数が取れなくなったというケースがあります。

これらはみな、文章を要約する能力がないために、文章を把握しきれないまま設問を解いていることから起こっています。


時間が足りないからといって、お子さんに「もっと速く読みなさい」と言うのはかえって逆効果という場合も少なくありません。急いで読んでしまうと、それだけ読み方が雑になり、文章の内容を整理しながら読むことが難しくなるからです。

もし今、お子さんが問題を解く時間が足りないのなら、急いで読ませるのではなく、ゆっくり丁寧に読むという意識を持たせてみましょう。

なぜなら、ゆっくり丁寧に（段落ごとに要点を整理しながら）読んだほうが文章を読み返す回数が減って、結局は時間がかからなくなるからです。

事実、私が国語を指導する際に音読をするスピードは、「こんなスピードで間に合うの？」とびっくりされるくらい遅いです。

ただ、ゆっくりしたスピードで読むことで、解答を見つけるまでの時間は圧倒的に短くなります。

「急がば回れ」ということわざがあるように、ゆっくり丁寧に読んだほうが、結局は解答時間も早くなります。

読む時間がかかっても、段落ごとの要点を頭の中で整理していく読み方のほうが、問題を解く時間から見ても、正答率から見ても、効率的です。

要約する力というものはすぐに身につくものではありません。ですから読解問題を解くときには、文章を要約しながら読むクセをつけていくことが、国語を得意にするための近道になります。

鉄則4

文章ルールは3つだけ！
～文法力～

塾のテキストでは、最初のほうに決まって「文の種類」「接続詞」「指示語」といった文法についての説明が載っています。じつは、これにはちゃんと理由があります。文法というのは文字通り、「文」の「法」、つまり「文を読むためのルール」なのです。たとえば暗号だって、暗号を作成する側と解読する側が、お互いに「同じルール」を知っているから読めるわけです。

文章もこれと同じです。文章には文章を読むルール（文法）があります。**そのため、最低限の文法力がなければ文章を正しく読むことなど不可能です。**文法の知識なしに文章を読むのは、暗号を読むルールを知らずに暗号を解こうとするのと同じことです。

ただ、厄介なことに、日本語で書かれた文章は暗号とは違い、なんとなく読めてしまうため、「読めている」という錯覚を起こしてしまいます。しかし、「文章が読めること」と「内容を理解する」というのは、まったく別の話なのです。
文法は、家づくりでたとえるなら、いわば「基礎部分」。ここがしっかりしていないと、建てられた家が不安定になるように、文法ができていないと、文章全体の理解が浅くなります。

文章の内容を完全に取り違えたり、とんちんかんな解答だったり……という失敗は、ほとんどの場合、文法力が弱いために起こります。そうならないためにも、読解問題を解くための土台づくりとして、文法をしっかり勉強させることが重要です。

文章を読む上で最も大事な文法は、主語・述語、接続詞、指示語の3つです。
これらをお子さんがしっかりと理解できているかを確認して、理解していないようであれば、必ず国語の学習に取り入れるようにしてください。

❶主語・述語

文章の内容を正しく理解するには、しっかりと主語と述語を意識して読むことが大切です。単文※であれば迷わないでしょうが、重文※・複文※になるとやや複雑になるので、意識して読む必要があります。また、主語が省略されることもありますので、「主語は何か？」に注意しながら読ませてください。

❷接続詞

文脈を決める大きな役割を果たすのが、接続詞です。**極端なことを言えば、接続詞にさえ注目していれば、文章の流れを読み取ることが可能です。**ただ接続詞の種類を覚えたりするのではなく、接続詞の働きや接続詞の前後の文がどのような関係にあるかを理解させるようにしてください。

❸指示語

指示語が指し示す内容を正確にとらえることは、読解を行う上では必要不可欠です。というのも、指示語が指し示す内容を取り違えてしまうと、文章の意味がまったくわからなくなってしまう可能性があるからです。

国語が苦手な子の特徴として、「指示語の指す内容がわからない」ことが挙げられます。お子さんが指示語をちゃんと理解しているかどうか、問題を解くたびに確認してみてください。

文章を正しく把握するためには、この3つの文法をしっかりと押さえておくことが重要です。

文章を読むときに、「主語・述語」「接続詞」「指示語」の3つを、しっかりと意識しながら読むクセをつけさせるようにしてください。

※単文…1つの主語・述語だけで成り立っている文。〈例〉太郎が走る。

※重文…2つ以上の主語・述語で成り立ち、お互いに修飾関係などはなく並立（対等な関係）な文。〈例〉太郎が走り、次郎は歩く。

※複文…並立な関係にない2つ以上の主語・述語で成り立ち、ある主語・述語が別の文節を修飾したり、文の主部・述部になっていたりする文。〈例〉次郎は太郎が走っているのを見ていた。

鉄則5

想像力で言葉の数をカバー！

～語《ご》彙《い》力～

言葉の意味が1つもわからなければ文章を理解することは不可能ですから、文章を読むためにはどうしても一定以上の語彙量が必要です。

たとえば、専門的・学術的な論文が難しいのはなぜでしょう？　同じ日本語なのに、知らない「専門用語」が多すぎて、文章を理解できないからです。それと同じです。

さらに、知っている言葉の数が少なければ、次から次へと知らない言葉が出てきてしまい、それだけで文章を読むのが嫌になってしまいます。ですから数多くの言葉を知っていることは、それだけで非常に大きなアドバンテージになるのです。

しかし、「語彙を増やす」というのは、そうそう簡単にできるものではありません。英単語も少しずつ覚えたと思いますが、語彙を増やすためには知らない言葉が出てくるたびに1つひとつ覚えていく……といった、地道な作業が必要です。

ただ、勘違いしてほしくないのですが、「何から何まで言葉を覚えればいい」わけではありません。

どんなに語彙を増やすための勉強をしたとしても知らない単語に出会わないということはあり得ないからです。どうしたって「知らない言葉」が出てきます。

「うちの子が国語が苦手なのは、語彙が足りないから……」と思っている親御さんもいますが、じつはこれ、決定的な要因ではありません。

実際、私はさまざまな子を指導してきましたが、「問題文の語彙すべてを知っている子」に会ったことがありません。これは国語が得意な子も含めての話です。

では、なぜ「語彙が足りない」という点は同じなのに、国語の得意・不得意が生まれてくるのでしょうか？　それは、「知らない言葉が出てきたときの対処の方法が異なる」からです。

国語が苦手な子によく見られる傾向として、知らない単語が出てくると、「言葉の意味がわからないから、この文章は難しい」と感じて、文章を読む気を失ってしまうことが挙げられます。

一方、国語の得意な子というのは、知らない言葉が出てきてもあまり気にしなかったり、なんとなく意味を推測したりして対処しているのです。

一般的に「知っている語彙量＝語彙力」と考えがちですが、本当の語彙力とは、知らない言葉が出てきたときにどうやって対処するか、つまり「知らない言葉への対応力＝語彙力」ではないかと私は考えています。

具体的に語彙力をつけるための方法ですが、大きく分けると次のようになります。

❶語彙の数を増やす

当たり前のことですが、知っている語彙が増えれば増えるほど、知らない言葉も減っていきます。いくら推測することなどで対応できるといっても、知っていることに勝るものはありません。市販されている言葉の問題集などを使って、学習していってください。

❷「こんな言葉かな？」と、推測する

言葉というものは、ある程度推測がつきます。熟語などは別々にして訓読みをしたりすると、案外意味がわかるものです。また、「プラスっぽいイメージ」だとか「マ

イナスっぽいイメージ」だとかいったあいまいな推測でも、意外と意味はつながっていきます（詳しくはのちほど説明します）。

❸わからない言葉があっても、無視して読み続ける

知らない言葉が出てきて、なおかつ推測すらできない……。そんな場合は、思いきって無視してしまいましょう。無視したからといって、そこまで大きな問題にはなりません。というのも、もしその単語が重要なものであった場合、繰り返し似た言葉で表現されますので、いずれ意味がわかります。また、重要でないなら、意味がわからなくても問題を解くのに支障はありません。

大事なのは、「知らない言葉が出てきても、動じることなく先に進むこと」です。

単語の1つや2つ知らないものがあっても、文章の意味はわかります。わからない言葉が出てきたときの「対応力」こそが、国語の問題を読み解く際の強い味方です。

第1章のまとめ

- ☑ 国語力は、「５つの力」で構成されている。
- ☑ 問題を解く前に、まず「読みきる」練習。
- ☑ 出題者が求めているのは、「問題の文章に、何が書かれているか？」に答えること。
- ☑ 早く読むより、ゆっくり・じっくり読むほうが大事。
- ☑ 文法は、まず「主語・述語」「接続詞」「指示語」の３つだけ覚えればいい。
- ☑ 知らない言葉は、「想像力」か「スルー」で対処できることも多い。

第2章

国語が苦手な子の「国語力」がどんどん伸びる勉強法

国語の勉強も、繰り返しが大切ですが、国語が苦手な子は、繰り返すポイントを完全に間違えています。つまり、正しい勉強法を実践できていないのです。

第２章では、国語が苦手な子が、最短で「国語力」をつけるための詳しい勉強法を紹介しています。

塾の講師よりも、親のほうがいい先生になれる

はじめに声を大にして言いたいのは、「国語は、子ども1人で勉強をしたところで成績は上がらない」ということです。1人で勉強するということは、解説を読んで理解できるということですが、そんなことができるのであれば、そもそも国語が苦手なわけがありません。

国語というのは、文章を正しく把握して答える科目ですから、国語が苦手だということは、文章が正しく読めていないということです。**残念ながら、文章を正しく読めない人が文章で書かれた解説を正しく理解できるわけがありません。**

子どもが国語が苦手である以上は、1人では勉強できません。そこでどうしても親のサポートが必要になってきます。こう書くと「先生でもないのに、親が教えるのは難しい」と思われる方もいるかと思いますが、決してそんなことはありません。

むしろ、親が教えたほうが、塾の集団授業よりも効果が上がる可能性はよっぽど高いのです。

そもそも国語という科目は、集団授業とはあまり相性のよい科目ではありません。たとえば算数であれば、この問題はこうやって解くといった一定の解法が存在するため、解き方を理解する科目と言えます。

一方、国語は同じ文章・同じ設問に出会うことはまずありませんから、一定の解法というものがありません。なぜここが筆者の主張になるのか？　なぜ主人公の心情はこのように読み取れるのか？　といったことを、1つひとつ納得していく必要があります。

そして、納得するポイントは1人ひとり異なりますから、通りいっぺんの説明では、理解できるわけがありません。

そのため、子どもに国語を理解させるためには、さまざまな角度からの説明を、納得がいくまでしていくことが重要なのです。

しかし、これを集団でやるのは不可能です。10人なら10通り、20人なら20通りの説明が必要ですが、そんなことをやっていたら、いくら時間があっても足りません。

では、家で親がサポートする場合はどうでしょうか？　説明する相手は子ども１人ですし、子どものことをよく知っているはずですから、どのように説明すれば納得できるかということは、学校の先生や塾の講師よりも詳しいはずです。

「教える」というと少し難しく感じるかと思いますが、親がやるべきことは教えることではありません。

テキストや問題集にはそれぞれの問題ごとに解説がついています。この解説を子どもが納得いくように説明してあげる、つまり、解説と子どもの間に入って「橋渡し」をしていけばよいのです。こう考えると、ハードルが下がるのではないでしょうか。

上手に説明する必要など決してありません。子どもが納得いくまでいろいろと説明をしてあげることが大事です。ポイントは、解説をわかりやすい言葉に変えたり、本文中のどこに書かれているのかを一緒に探したりすることです。

決して必要以上に説明をしたり、知識を増やしてあげようとしたりはしないでください。それをやると子どもは聞く耳を持ちませんし、国語の勉強がさらに嫌いになります。あくまで「橋渡し役に徹する」ということを忘れないようにしてください。

国語は集団授業で教えにくい科目

（納得するポイントは人それぞれなので、
通りいっぺんの解説しかできない授業では、
力はつかない。親が説明するのがベスト。）

✕ 集団授業では、１人ひとりの子どもの疑問に対応しきれない。

○ 親が「解説」と「子ども」の橋渡しをする。

脳の体力づくりは、「音読」から

読解問題を得意にするためには、最後まで集中を切らすことなく、問題文を正しく読む力が重要です。そしてその力を身につけるためには、文章に慣れること。そのためには、さまざまな長さやいろいろな種類の文章に触れる必要があります。

国語で点が取れない子の多くが、最後まで集中して文章を読みきる力がありません。**仮に最後まで読めたとしても、文章を読むだけで疲れきってしまい、設問を解くだけの気力が残っていないのです。**

これは、たとえてみれば、「脳のスタミナ不足」です。文章を読んでいる間に、もしくは問題を読みきった時点で脳のスタミナが切れてしまい、設問を解く時点では脳はとっくに休憩に入ってしまっているのです。

スポーツでもいきなり実践的な練習はしません。まずは最初にランニングなどで体力づくりをすると思います。

勉強もこれと同じです。読解問題を解くというのは実践的な練習に当たります。しかし、まずは難解な文章、長い文章が出てきてもちょっとやそっとでは集中を切らさないだけの「脳の体力づくり」をしなくてはいけません。

そこで大事になってくるのが、入試レベルの文章を読む訓練です。塾のテキストや問題集に載っている文章で構いませんから　できれば声に出して、毎日読むようにしてください。毎日続けていけば、必ず、文章を読むことへの負担や苦痛は減っていきます。

国語の勉強をしたがらない要因は、「国語そのもの」というよりも、「文章を読むことへの嫌悪感」です。文章を読みたくないから国語の勉強がしたくない。

ですから、文章を読むことへの苦痛を取り除くことが、国語を得意にするための第1歩なのです。

実際、国語が苦手だった子に毎日塾のテキストの文章を1日1題必ず読むように指導したところ、はじめは嫌々読んでいたようですが、3週間ほど経過したころからそれほど負担に感じなくなり、国語の勉強も嫌がらなくなりました。

この状態にまでなってくると、国語の勉強への嫌悪感が減っているので、国語の勉強にも前向きになり、目に見えて成績が上がっていきます。

音読の際のポイントは次の5つです。

①テキストレベルの文章を毎日読む（10分程度で読める長さ）。
②はっきりと聞き取れる速度と声の大きさで読む。
③読み飛ばしや読み間違いをしない（間違えたり飛ばしたりしたら必ず読み直す）。
④句読点を意識してしっかり止まる（読点は1秒、句点は3秒ぐらいが目安）。
⑤親が音読を聞いていてあげる（1人で読ませても効果は薄い）。

毎日、音読をするのはたしかに大変だと思いますが、何も1時間も2時間も音読しろと言っているわけではなく、**1日あたり10分程度**の話です。

文章に触れることで、苦手意識がなくなり、文章が読めるようになれば、国語を好きになってきます。成果が出るのはこれまで指導した子で実証済みですので、毎日の音読、ぜひ続けてみてください。

こうやって、子どもは「国語嫌い」の負のスパイラルにはまっていく……!!

「文章を読むのが嫌い」という根本原因を取り除かないことには、永遠に国語力は上がらない。まずは、文章を読むことに慣れることから始めよう。

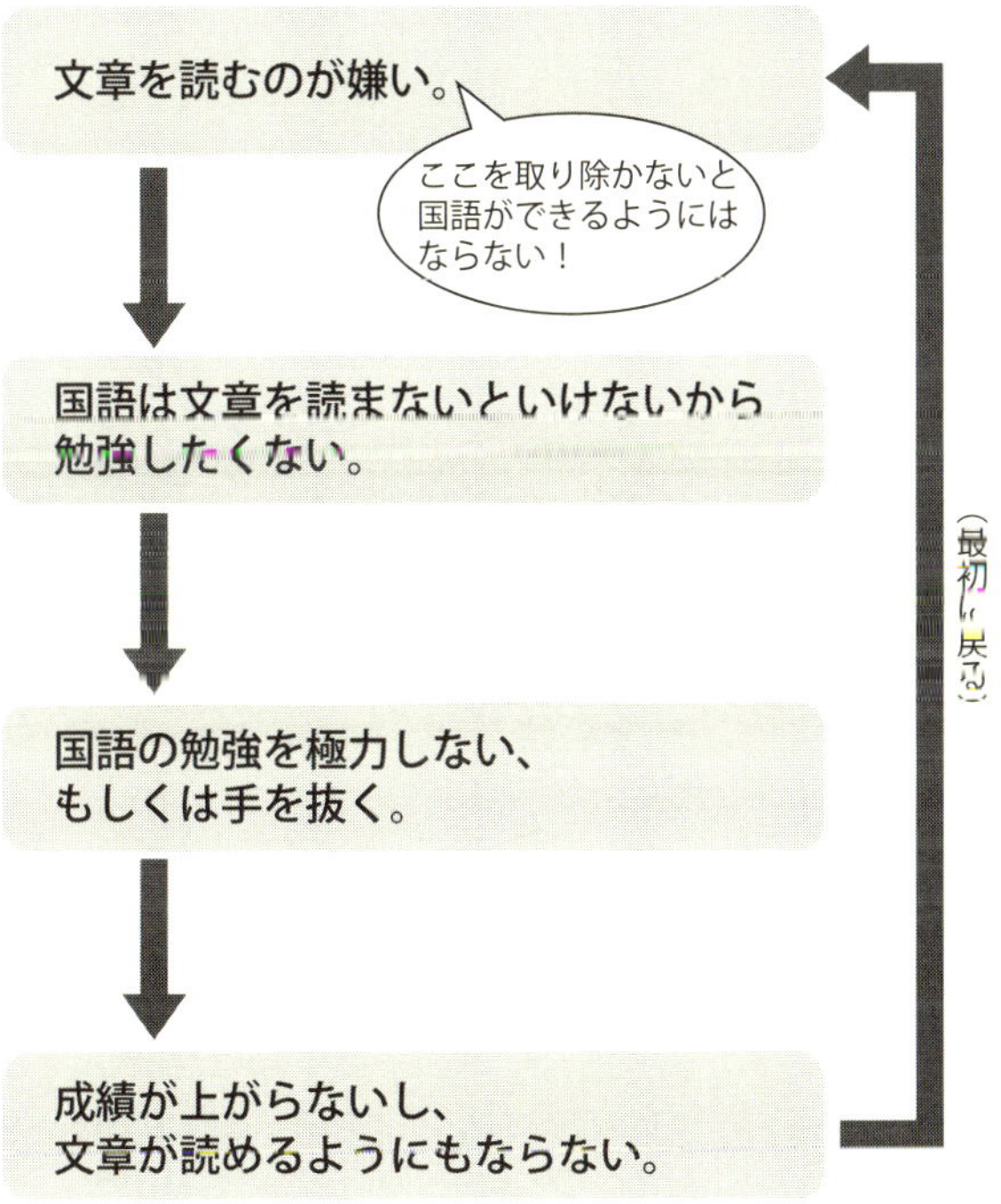
文章を読むのが嫌い。
ここを取り除かないと国語ができるようにはならない！
国語は文章を読まないといけないから勉強したくない。
国語の勉強を極力しない、もしくは手を抜く。
成績が上がらないし、文章が読めるようにもならない。
（最初に戻る）

「要約」と「あらすじ」にまとめるクセづけを

国語の問題文の長さはさまざまですが、一般的に、学年が上がるごとに長くなっていきます。中学受験レベルでは、2題出題される学校で2000字〜3500字ぐらい、1題しか出題されない学校では6000字近くといった長さも珍しくありません。

これだけの文章を正しく読み、設問に答えなくてはいけないわけですが、ここまで長くなると、「文章すべてを丸暗記」というのは不可能です。

文章全体を正しく理解するためには、要点をつかみながら読んでいくという必要があります。

文章が長くなった途端に国語の点数が下がるという子どもは、この要点をつかむ能力が足りていないか、もしくはそもそも要点をつかみながら読むということをしていません。

そのため、文章を読み終わったときには内容がよくわかっておらず、「あれ？ この文章って何が書いてあったんだっけ？」となったり、設問を解く際に「たしかこんなこと書いてあったような気がするんだけど……」とあいまいな記憶を頼りに解答してしまったりしています。

文章に何が書かれていたのかがあいまいなまま解答をしても、たまたま正解ということはあるでしょうが、これでは本質的な力は何もついていないので、決して次へはつながりません。

今、勉強している目的は、「たまたま正解」するためではなく、どんな問題でも「確実に正解」するための「国語力」を身につけることです。

そして、そのためには文章の要点をしっかり理解しながら読んでいくことが不可欠になります。

その力をつけるためには、普段文章を読むときから「なんとなく文章を読む」のではなく、「常に要点を意識しながら読むクセ」をつけていかなくてはなりません。

では、要点を意識するというのは具体的には何をすればいいのでしょうか？　説明文・論説文と物語文では少し変わってきますので、それぞれ説明をしていきます。

❶説明文・論説文の要点のまとめ方

説明文や論説文の要点をまとめるときに大事なことは、「段落（形式段落）ごとにまとめていくこと」です。なぜ形式段落ごとかというと、基本的には「形式段落1つにつき、1つのこと」しか書かれていないからです。

段落ごとに最も重要な文に「線」や「印」をつけ、段落ごとの話題を確認していくことで、自然と文章全体の要点のまとめになっていきます。段落ごとの話題を空いたスペース（文章の上のほう）にメモ書きするのもよいかと思います。

段落ごとに要点をまとめていくことで、「どこかに書いてあったはずなんだけど、どこだっけ？」といったこともなくなりますし、「あの段落を探せば答えがあるんじゃないか？」といったふうに、正解を導き出すまでの時間を短くできるようになります。

段落ごとに見出し（話題）をメモ書きすることで、文章の理解も深まり、解答も探しやすくなりますので、ぜひ普段の学習でも段落ごとの要点をまとめるようにしてみてください。

❷物語文の要点（あらすじ）のまとめ方

物語文の要点まとめは、できるかぎり簡潔なあらすじにまとめることです。国語の苦手な子にあらすじをまとめさせると「あれがあって、次にこれがあって、最後にこれが」というふうに書かれていた内容を羅列するだけで終わってしまいます。

簡潔なあらすじというのは、「①誰（主人公）」に「②どんなできごと」があり、「③どんなふうに感じた」のかの3点を「コンパクト」にまとめたものです。

これらを順々に聞いてあげて、簡潔にまとめられるクセをつけるようにしてあげてください。

あらすじを短くまとめられるようになればなるほど、物語の内容が理解できているということになります。

逆に言えば、短いあらすじをつくることで物語を深く理解することができるようになりますので、物語を読み終えたら、必ず短いあらすじをつくる習慣をつけるようにしてください。

答えは、考えるのではなく「探す」

家庭で子どもの読解指導を行う際に、絶対に言ってはいけない言葉があります。それは、「答えをよく考えなさい」という言葉です。心当たりはありませんか？

えっ、考えちゃいけないの……？　そう、考えるのは間違いです。とすると、どうすればよいのでしょうか。**それは、問題文から答えを「探す」のです。**

読解問題というのは、必ず本文（問題文）の中に解答が書かれています。まるまるではないとしても、「答えの根拠」となる文章が存在します。読解問題で大事なのはその根拠になる文章を「探す」ことです。

繰り返しになりますが、国語というのは、「文章に何が書かれているか？」が問われる科目です。何が書かれているかが問われている以上、考えてはいけません。考えるということは、解答者の主観が入ってしまいます。考えれば考えるほどどんどん正解から離れていってしまうわけです。

　国語の得意な子とそうではない子に「なぜその答えにしたの？」と聞くと、おもしろいぐらいに答えが分かれます。

　国語の得意な子は、「そう書いてあったから」と答えます。その一方で、苦手な子は、「なんとなくそう思ったから」と答えます。つまり、国語の得意な子は答えを探し、そうでない子は答えを考えているというわけです。


そう、この「探す」と「考える」の意識の差が、国語の得意・不得意に大きく関わっているのです。


　ですから国語を得意にするためには、答えを「考える」から「探す」という意識に変えていく必要があります。

　そのためにも「よく考えなさい」という言葉を決して使わないでください。答えがわからずにお子さんが悩んでいるときにあなたが言うべき台詞は「よく探しなさい」なのです。

　基本的に国語で考えることは、

●設問の意図はなんなのか？（何を答えるのか？）
●答え方はこれで合っているのか？（設問条件に合っているか？）

これしかありません。

大切なことなので繰り返しますが、国語の答えはすべて問題文中に書かれています。問題文に書かれていないことは絶対に解答になりません。**ですから、問題文の中から答えを探すことが国語の基本です。**

しかし、ただ「探しなさい」と言ったところで、おそらく子どもは答えを探すことはできないと思います。そこで必要になるのが、親のサポート。親がやるべきことは次の2つです。

❶何が聞かれているのか？（何を答えればいいのか？）を確認させる

答えがわからず、子どもが止まってしまう最大の原因は、**「何を答えたらいいのかわからない」ということです。**もう少し正確に言うと、設問で問われていることを把握して（しようとして）いません。

ですからそれを把握させるために、「この問題は何を答えればいいの？」という助け船を出してあげてください。間違っても正解に無理に誘導するのは厳禁です。

❷ ❶はどこを探せばわかるのか？ を確認させる

何を答えればいいかがわかれば、あとは探すだけです。もし、お子さんが探すことができればいいのですが、わからず悩んでいるときは、「そのことは、どのへん（どの段落）に書かれていた？」と聞いてあげてください。

答えがわからずにお子さんが悩んでいるときにこの2つの質問を繰り返していくことで、「答えは探すもの」という意識へと変わっていきます。

そうなると、国語の点数はぐっと上がっていきます。お子さんが答えに悩んでいたら、ぜひこの2つの質問をしてあげるようにしてください。

指示語の内容は、問われていなくても気にする

指示語（「あれ」「これ」「それ」など）が指し示す内容を正しく把握できるようになることが、文章を正しく読む力へとつながります。というのも、日本語（日本語に限ったことではないかもしれませんが）は同じ言葉を繰り返すことを嫌うため、指示語が多用される言葉だからです。

指示語が指し示す内容を正しく読み取れていないと、文章の内容がわからなくなりますし、誤った読み取りをしてしまうと、話がまったく逆になってしまうことすら起こり得ます。

反対に、指示語をしっかり理解していれば、文章全体への理解もぐっと深まり、得点につながるということです。

文章を正しく読み取り、設問に答えるためには、「指示語」が指し示す内容を正しく把握する力が重要になってくるのです。

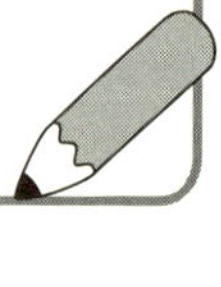

さて、あなたのお子さんは、指示語が指し示す内容を気にしながら読んでいるでしょうか？　もちろん指示語の設問のときには当然探すと思いますが、設問として問われていない場合はどうでしょうか。また、指示語の問題があまり得意でないとしたらどうでしょうか。

指示語が出てきても、それが何を指しているかをまったく気にせずに読んでいる、もしくは正しく読めていないというのであれば、文章の内容も正しく読み取れていないということです。

全体の内容はなんとなくわかっているようだけれど、細かいことになるとよくわかっていない……という子どもの場合、指示語が指し示す内容を正しく把握できていない可能性が高いです。

文章の内容を正しく理解するためには、「読み飛ばし」や「読み違い」は厳禁です。しかし、もし指示語が指している内容を気にしていないのであればこれは読み飛ばしと同じことですし、指示語が指している内容を取り違えているのであれば、読み違いをしているのと変わりません。

塾の指導は（時間の関係もあるとは思いますが）、設問で問われている箇所以外の指示語の内容についてはあまり細かく説明をしないことが多いです。そのために、子どものほうも、設問で聞かれない限りは、「この指示語が何を指しているか？」を気にする習慣がついていません。

もう一度、お子さんがしっかりと指示語を気にしているか、そして、指示語の内容を正しく把握しているかを確認してみてください。

もし指示語に無頓着であったり、内容をつかむのが苦手だったりするのであれば、指示語が指し示している内容を把握するための訓練をする必要が出てきます。

訓練と言っても、とくに難しくはありません。**普段、問題文を読むとき、指示語が出てくるたびに、「『これ』は何を指している？」と聞いてあげてください。**それだけでOKです。

この訓練をするときのポイントは、「あまり細かく正解を求めないこと」。なんとなく雰囲気的に合っていればOKというレベルで構いません。

あまりに細かくやってしまうと文章を読むこと自体が嫌になってしまい、かえって逆効果になってしまいます。

訓練の目的はあくまで、「この指示語は何を指しているんだろう？」と無意識に考えるクセをつけさせることです。

このクセがつくようになると、自然と文章の流れが理解できるようになりますので、文章の理解度が圧倒的に上がっていきます。

なかなか問題が解けない、もしくは間違えた問題をやり直すときなどにも、指示語の内容を確認させるようにしてみてください。それをすることで設問の解答がわかったり、間違えた理由がはっきりしたりすることもあります。

指示語は「あれ」「これ」「それ」といったように文字数は少ないですが、この少ない文字数の中に非常に多くの内容が含まれています。

指示語は軽視せず、常に意識しながら文章を読むクセをつけさせてください。

マーキングは適当なくらいがいい

本文（問題文）を読む際に有効なのは、本文のポイントとなるところに線を引いたり丸で囲んだりして印をつけておくことです。こうすることで文章を丁寧に読むことができると同時に、解答を「探す」ときに、本文のどのあたりに書かれていたかを振り返りやすくなります。

ですから、「印をつけながら読む」ということはたしかに重要です。

しかし、忘れてはならないのは、マーキング（印つけ）は文章を理解したり解答を探しやすくしたりするための方法に過ぎないということです。あくまで、答えを探しやすくするための「手段」であり、「目的」となる「問題を解くこと」ではありません。印をつけることばかりにとらわれて、文章の理解がおろそかになっては本末転倒です。「印をつけながら文章を読むのが、文章を理解するための大きな助けになる」と説明すると、マーキングを完璧にさせようとする親御さんもいらっしゃるのですが、まずうまくいきません。

「もれなく印をつけていきなさい」と言うと、ただでさえ文章を読むのが嫌いだった子どもがますます文章を読みたくなくなり、国語の勉強をしなくなってしまった……なんてご家庭の例もあります。そこまでいかなくても、あまりにマーキングにこだわりすぎて、親子ともども疲れてしまい、結局やらなくなってしまったというご家庭をかなりの数見てきています。

マーキングは、「完璧に」やる必要はありません。適当なぐらいがちょうどいいのです。

私も、読解問題を解く際には私流のルールに基づいて印をつけながら文章を読みます（マーキングのルールについては、のちほど説明します）。しかし、必ずしも厳密に印をつけるわけではなく、「ここはなんとなく引かなくていいや」とか、「ルールにはないけど引いておこう」といった具合にけっこう適当です。

「そんなレベルでいいの？」と思われるかもしれませんが、別に構いません。

大事なことは、「この文章が大事なのかどうか？」を、いったん立ち止まって考えること。つまり、その文章が大事だと考える「理由」です。ですから、「ルールにはあるけど、重要じゃなさそうだから印はつけない」「ルールにはないけど、なんとなく大事な気がするから印をつけとこう」といった具合に考えることが大切なわけです。

何も考えずに印をつけていると、印をつけたのはいいけど解答する際にはその印をまったく利用しない……なんてことも起こってきてしまいます。「印をつけなさい」と言われるから、ただつけているだけという状態です。

国語というのは算数などとは異なり、類題というものがありません。文章が変われば当然のことながら線を引く場所も変わってきますから（もちろん、多くの文章に適用できるルールもありますが）、「線を引いたり、印をつけたりする理由」を考える力を身につける必要があるのです。

ですから、子どもに教えるべきポイントは、線を引く、印をつけるという行為ではなく、「なぜそこに線を引くのか？（なぜそこが重要なのか？）」という理由。「マーキング」という行為ではなく、「理由」にこだわってください。

マーキングの練習を始めたら、線が多いとか少ないとかいったことはあまり気にしないでください。はじめからそんなにうまくいくものではありません。親も一緒になってどうしてここに線が必要なのか？　なぜここは線を引く必要がないのか？　について考えてください。

よく「大事な場所はわかるけれど、それを上手に子どもに説明できない」という悩みをお持ちの方がいらっしゃいますが、別にそれで構わないと思います。上手に教えることが大事なのではなく、あなたがどうしてそこが大事だと考えたのかを説明し、それをお子さんが聞くということが重要です。

国語という科目は、「相手が伝えたいことを、正しく受け取る能力」が問われる科目です。そしてそれは何も文章を読むだけではなく、会話でも十分に鍛えることができます。親が「なんとなく」でも説明し、そして子どもが「なんとなく」でも理解する。そういった経験を重ねることで、確実に子どもの国語力は伸びていきます。

復習では、ポイントや解説を「音読」

国語の復習の仕方がわからず、家でやる国語の勉強はただ出された宿題をこなすだけ……そんな声をよく聞きます。しかし、授業の復習をしなかったら、せっかく受けた授業の効果が半減してしまいます。

国語の復習で大事なことは、「文章の読み方」と「解答の理由づけ」です。

そのために、「①授業で扱った文章の音読」「②間違えた問題のやり直し」「③傍線部と解答の理由になる文にラインマーカーを引いて音読する」の3つのことを中心に復習をするようにしてください。

❶授業で扱った文章の音読

できれば当日中に授業で扱った文章を読むようにしてください。すでに一度読んでいるため、内容は頭に入っていると思いますので、文章を読むのが苦手な子も多少はスムーズに読むことができると思います。

このとき意味がわからない言葉があれば、ざっくりとした意味で構わないので確認するようにしてください。辞書のようにはっきりした意味ではなく、だいたいの意味がわかったり雰囲気がつかめたりしていれば問題ありません。

❷間違えた問題のやり直し

「間違えた問題をただやり直して、合っていたから終了」といった復習ではなんの意味もありません。「なぜ自分の解答が正解とは異なってしまったのか?」を解説を見ながら確認することが重要です。

選択肢問題のやり直し方

選択肢問題のやり直しで大事なのは、「間違い探し」です。

選択肢のどこの部分が本文と食い違っているのかを、必ず本文と突き合わせて確認してください。このときに大事なことは本文の何行目と矛盾しているといったように、本文中の具体的な箇所を探すことです。

ここを「なんとなく間違っている」といった感覚でやり過ごしてしまうと、いつまでたっても正しい選択肢が選べるようになりません。必ず、「具体的に矛盾している箇所を探す」ということを忘れないようにしてください。

記述問題

まずは解答を見ずに、自分の力で解答を書くようにしてください。そして自分の解答ができたら、解答解説を見て、抜けている場所や文章として成り立っていない部分などを確認させてください。

それが終わったら正解を1語1句間違えないように書き写すようにしてください。写すときには音読（もしくは心の中で音読）をしながら、丁寧に行うようにさせてください。

❸傍線部と解答の理由になる文にラインマーカーを引いて音読する

間違い直しが終わったら、すべての設問箇所（問題文の傍線部）にラインマーカーを引いてください。そして解説を見ながら、正解に関係のある文章やキーワードにラインマーカー（このとき、設問箇所に引いた色とは別の色にする）を引いてください。

こうすることで設問と正解の関係性や、どこを探せば正解に近づくのかが視覚的にはっきりとして、わかりやすくなります。なお、ラインマーカーを引く作業は、間違った問題をやり直すときに同時にやってもかまいません。

そして最後に再度「音読」です。ラインマーカーが引いてあるところを意識しながら音読をしていってください。

ちなみに「音読」は、読みきる力を養うだけでなく、正しい解法を身につけるためにも非常に有効な手段です。

ポイントや解答を「音読」することで、それらが頭にしみ込んできて、いつしか「ポイントはこうつかむ」「こういった解答が模範的」といった「思考のクセ」につながってきます。

大事な箇所は、まず「音読」。これが、基本です。

いきなりこの3つすべてをやるのは難しいというのであれば、「傍線部と解答の理由になる文にラインマーカーを引いて、音読する」だけでも最低限はやるようにしてください。

それだけでも、その後の「解く力」がまったく変わってくるはずです。

間違えた理由を知ることが何よりも大事

国語は常に「なぜ？」を意識しながら勉強していくことが重要です。
この「なぜ？」を考えずに、問題を解いたり授業の復習をしたりしても、ほとんど意味はありません。

「なぜ、その解答になるのか？」
「なぜ、自分の解答では間違いなのか？」
「なぜ、自分は間違えたのか？」

常にこのような問いを、自分に投げかける必要があります。

たとえば復習で授業中に解いて間違えた問題をやり直したとします。ただ正しい選択肢を選び直したからといって、国語の成績が上がるでしょうか？　当然、上がるはずがありません。

国語のやり直しでは2つの理由を見つけなくてはいけません。

1つ目は「解答の根拠は本文のどこにあるのか？」という正解の理由です。これに関しては問題ないと思います。国語の解答は本文に書かれていますから、本文のどこにそれが書かれているのか？　なぜその文が解答の理由になるのか？　を、しっかりと理解することです。

そして2つ目が「自分は何を勘違いしたのか？」、つまり間違えた理由です。間違えたということは、解答をする過程においてどこかで間違いを犯しているということです。設問の読み違いかもしれませんし、選択肢の読み違いや答える内容を勘違いしたのかもしれません。

なんであれ、間違えた理由をはっきりさせることが重要です。

というのも、間違えた理由が自分でわからない限りは、また同じ間違いを繰り返してしまいますから、いつまでたっても国語ができるようにはなりません。この「間違えた理由をはっきりさせる」ということが非常に重要なのです。

といっても、間違った原因を分析するのは、なかなか難しいもの。小学生であれば、なおのこと無理な話です。

そもそも、「間違えた原因をきちんと説明できる」くらいであれば、とっくに国語ができるようになっているでしょうし、そもそも国語が苦手だとは思えません。

正直、「自分は、なぜ間違えたのか？」なんて、国語の苦手な子どもにはわからないと思います。それはそれで仕方がないことです。

ただ、自分の出した答えと正解との違いをはっきりさせ、正しい解答を出すための方法は知らなくてはいけません。

そこでポイントになってくるのが解説です。

国語の復習をするときに、あなたのお子さんはしっかりと解説を読んでいるでしょうか？ ななめ読みか、解説そのものを読んでいない、なんてこともあるのではないでしょうか？

解説には、解答に至るまでの正しい道筋が説明されています。それをしっかり読むことで、自分の考えと解説に示されている正解にたどり着くまでの手順との違いを「少しずつ」かもしれませんが、理解できてきます。

ほとんどの子どもは、答えがわかってしまうと、その答えにたどり着くまでの手順（解説）なんてものはどうでもよくなってしまいがちです。

しかし、国語力を身につける段階でいちばん大事なのはまさにここで、「どのような順番で、本文の中から解答を見つけるのか？」という手順を知ることなのです。

ですから国語の復習をする上では、解説をしっかりと読むことが最も重要な作業になってきます。今までまったく解説を読んでいなかったり、もしくはさらっとしか読んでいなかったりしているのでしたら、解説をしっかりと読むということを必ず行ってください。

解説を読むときは、できれば音読で読み飛ばしや読み違いをなくすようにしてください。もし時間が取れるようでしたら解説をノートに写して、「手順をさらに頭にしみ込ませる」のも、非常に効果のある勉強方法です。

国語の勉強では、正しい答えなんてものはある意味ではどうでもよく、大事なのはそこに至るまでのプロセスです。

その手順を身につけるためにも解説は非常に重要なものですので、しっかりと読んで「自分はどこで間違えてしまったのか？」をはっきりさせるようにしてください。

記述問題は、「最初から完成形」を目指さない

記述問題を得意にするためには、まず書くことです。

何も書かずに白紙のままでは「どこが理解できていないのか」という間違いも発見できませんし、書かなければ経験値も蓄積されませんから、いつまでたっても正解にたどり着けるはずがありません。

解答を眺めて「こういう答えなのか」とか「そうそう、こんなふうに書きたかったんだけど、なんて書けばいいかわからなかったんだよね」と思う気持ちはわかりますが、いくら感心したところで、自分で書いてみなければなんの意味もありません。

このとき、「1発目から、ちゃんとした解答を書かなきゃ……」と思うと、筆は進まないもの。ヘタでもなんでも、「とにかく書いてみる」ということが大事です。

たとえトンチンカンな解答だったとしても「書いた事実」は、記述問題を得意にする上では非常に大きな意味があります。明らかに間違いでも構いません。記述問題を

できるようにしたいのであれば、「書く」ということを徹底させてください。

とは言っても、何をどう書いたらいいのかわからないという子にとっては、「なんでもいいから書け」と言われても、そうそう書けるものではありません。私も文章を書くのが得意なタイプではないので、その気持ちが痛いほどわかります。

しかし、そんな私もある方法に変えてから文章を書くことが大変な作業でなくなり、苦手意識もなくなりました。そして、じつは今、まさにその方法を用いてこの原稿を書いているところだったりします。

その方法とは、「誰かに話しかけるように、言いたいことをとにかく書き出して、あとできれいにまとめる」といった方法です。

普通、原稿を書くというと、「じっくりと考えたあとで、文章をつくっていく（文字にしていく）」というイメージがあるのではないでしょうか。

しかし、私はこの原稿をいきなりこの状態で書き出したわけではありません。まずは、目の前に誰かがいるものと仮定して、ICレコーダー（録音機器）に向かって、その架空の相手に説明するかのように話します（文字通り話しているので、他人から見ると危ない人状態です・笑)。

なんとなく思いついたことをただひたすらに話しているので、話の順序もバラバラですし、一貫性もなければ、話があっちこっちへと飛んだりもしますが、気にしない。録音したものを文字に起こして話のつながりなどを考えたり、いらないものを削ったりして再構成したものが、今こうして原稿になっています。

試験のときは、録音はできませんので、まず「誰かに説明するように、適当に書き出していき、そのあとまとめていく」ことでＯＫです。

著名な作家や文豪と呼ばれる人でも、「犯人は女」「本当の犯行現場は屋内」「凶器はナイフ」「動機は怨恨?」など、覚え書き程度の「メモ」をとにかくたくさん書き、それをあとで「文章」としてまとめていく人も数多くいます。プロでもそうなのですから、アマチュアの私たちが「いきなり完成文」が書けなくても仕方ありません。

人は文章を書こうとすると、「きれいな文章」にしようとか、「わかりやすく書こう」といった意識がどうしても生まれてしまいます。**もちろんそれは非常に大事なことなのですが、その意識がはじめから強すぎると、手が動かなくなってしまいます。**これが、「書きたいことはあっても文章にならない」大きな要因です。

一方、話をするときには、よほど前もって準備した話でない限りは、思いついた順に話していくはずです。話の順序もそれほど考えませんし、たとえ間違えたとしても言い直せばいい、言葉が足りなければあとからつけ足せばいい……という感じで、ポンポンと言葉が出てきます。文章も、それと同じでいいのです。

記述問題だからといって、何も最初から「きちんとした文章」で書かなければいけないという決まりはありません。最終的に文章にすればいいだけなので、まずは書かせるのではなく、「口に出して言わせてみる」ところから始めてみてください。

最初の頃は文字数も気にする必要はありません。指定字数にまったく届かなかったり、逆に大きく超えてしまったりしても別に構いません。文字数なんてものは、あとからどうにでもなります。

まずは文章を書くことに対して、必要以上に構えないこと。文字数も気にせず、思いつくまま言葉に出したものを書いていく。「ああ、意外に書けるじゃん」と思えばこっちのものです。そこから、「完成形」に近づけていけばいい。

「きれいな文章を書く」という意識をなくし、とにかく書いていれば、いつのまにか記述問題が得意になっているはずです。

第2章のまとめ

- ☑ 国語に限っては、親が子どもの最高の先生になれる。
- ☑ 問題文、解説文、ポイント確認、復習のすべてに、「音読」を忘れない。
- ☑ 答えは、決して考えず、「探す」。
- ☑ すべての指示語が何を示すか言えるようにする。
- ☑ 答えを間違えた理由は絶対に知るべき。
- ☑ 記述問題はとにかく「ヘタでもメモでも書いてみる」ことから。

第3章

どんな難しい文章でも
スラスラ読み解ける！
“説明文”7つのルール

国語の読解問題でも、とくに「難しい」と思われることの多い説明文。ところが、日本語の構造から導き出した「7つのルール」を使えば、筆者の主張や話題をたちどころに見抜くことができます。

説明文は「話題」と「筆者の主張」で攻略する

説明文や論説文は「難しいもの」と考える子どもは少なくありません。というのも、普段、あまり子どもが接する機会の少ない種類の文章だからです。**ですが、それも「慣れ」の問題。「どのポイントを押さえて読むか?」さえわかれば、説明文は物語文よりも論理だった構成なので、答えを出しやすいと言えます。**
以下に、説明文を読む際のポイントを紹介していきます。

❶言いたいことは1つ、10行程度

どんなに長く難解な文章でも、全体を通して、筆者の言いたいことはそれほど多くはありません。本当は10行程度で済んでしまう内容なのです。しかし、言いたいことを理解してもらうために、理由や例を挙げて説明したほうがわかりやすいため、気がつけば長い文章になってしまっているだけなのです。

❷形式段落ごとに読む

どんなに長い文章であったとしても、国語の試験レベルの文章であれば、形式段落に分けると20段落ぐらいしかありません。そして、1つの形式段落につき、言いたいことは1つしかないのがほとんどです。なぜなら、いくつかの文を、1つの意味でまとめたものが形式段落だからです。そして形式段落で重要な文章は、1つか2つしかありません。

このことに注目して、1つの段落を1つの文として考えて読んでいけば、読み取らなくてはいけない文というものは、ごくわずかに限られます。

❸段落で重要な文だけしっかり読む

そこで大切になってくるのが重要な文がどれなのか？　ということがわかるかどうかです。説明文で重要な文とは「話題」と「筆者の主張」です。「何について書かれている文章なのか？」と「筆者が言いたいことは何か？」さえわかれば、説明文は理解できたも同然です。そこで、「話題」と「筆者の主張」が書かれている箇所がすぐにわかるように、「説明文を攻略するルール」をまとめてみました。

❹説明文のルール

どんな文章でも結局は「話題」「筆者の主張」「具体例」の3つとそれをつなぐ「つなぎの文」の計4つの文から成り立っています。

そして大切なのは、「話題」と「筆者の主張」です。

説明文のルールとは、この4つの種類の文をグループ分けし、「話題」と「筆者の主張」だけを抜き取ることなのです。

抜き取るためのルールは次の通りです。

説明文のルール1 キーワードを丸で囲む
説明文のルール2 「しかし」がきたら後ろに注意
説明文のルール3 「つまり」のあとは筆者の主張
説明文のルール4 文末「である」は強調表現
説明文のルール5 具体例は二重カギカッコで囲む
説明文のルール6 「問いかけ」がきたら、「答え」を探す
説明文のルール7 「から」「ので」「ため」は理由の説明

この7つが「話題」と「筆者の主張」を読み取るための基本になります。これを使って文章を読んでいくと、長くてわけのわからなかった文章でも「話題」と「筆者の言いたいこと」を理解しやすくなります。

そして、その文に線を引いて読み進めることで文章の重要なところだけが残っていきますので、これまでよりも楽に正解にたどり着くことができるようになるのです。

いきなり7つのルールをすべて使えるようにする必要はありません。わかりやすいものだけ選んで使ってもいいと思います。最終的には自分なりの読むルールをつくることが大事です。

それでは、7つのルールを順に説明していきたいと思います。

説明文のルール 1

繰り返されるキーワードを丸で囲む

文章の内容を正しく読むためにまずやらなくてはいけないことは、「正確に話題をつかむ」ことです。「何について書かれている文章なのか？」を正しく読み取れなければ、何も始まりません。

たとえば「繰り返すことの重要性」について書かれた文章があったとして、その中では「大リーグのイチロー選手が毎日同じ練習を繰り返している」という具体例が書かれていたとします。この文章の「話題」はもちろん「繰り返すことの重要性」ですが、これを「イチロー選手」だと思ってしまったら話は大きく変わってしまいます。

ひょっとすると「そんな勘違いするわけない」と思われるかもしれませんが、実際に子どもは平気でこんな勘違いをしていたりします。

勘違いをしていなかったとしても、いったい何について書かれた文章なのかが、サッパリわかっていない……こんな子どもをしばしば見かけます。そうならないようにするためには、まずしっかりと「話題」をつかむこと。そして話題をつかむためにはキーワードを正しく拾っていくことが大事になってきます。

では、キーワードとはなんでしょうか？　人は自分が伝えたいことを、何度も繰り返します。文章であれば同じ言葉が何度も繰り返し使われます。その繰り返される言葉が、チェックするべき「キーワード」です。

文章中に同じ言葉が2回以上出てきたら、その言葉を丸（〇）で囲んでキーワードだとはっきりとわかるようにしておいてください。また、キーワードはいろいろな形で繰り返されるので、同意語（似た意味の言葉）にも注意するようにしてください。

キーワードを意識しながら文章を読むだけでも文章の内容を理解することがだいぶ楽になっていくと思いますので、「似たような言葉が書いてあったな」と思ったら、必ず前に戻って、チェックしてください。

それでは例文を使って説明をしていきます。

例文

睡眠時間を減らして勉強時間を増やせば成績も上がるように思えますが、実際はそう単純なものではありません。睡眠不足になれば、授業中などに眠くなって集中できなくなったり、ボーッとして頭が回転しなくなったり、実際は成績が上がるどころかかえって下がってしまいます。

また、睡眠は記憶と深い関係にあります。睡眠にはレム睡眠とノンレム睡眠の2種類があるのですが、人はレム睡眠中に脳内部の情報を整理して、記憶を再編し固定します。睡眠時間を減らすとレム睡眠が削られてしまい睡眠不足のまま いくら勉強しても記憶として定着しにくくなってしまいますので、しっかりと睡眠をとることが勉強をする上では重要になります。

ひと目見てわかるように、この文章のキーワードは「睡眠」です。もし、こういった感じで、キーワードが連発されている文章がはじめのほうの段落にあるのであれば、確実にこの文章の「話題」は、そのキーワード（ここでは「睡眠」）と考えてください。

さまざまな具体例などが出てきても、惑わされてはいけません。**また、キーワードに関する文が出てきたら「筆者の主張」が表れている可能性が高いので、しっかりとチェックしていくようにしてください。**

長い文章になると、読んでいる間にキーワードを忘れがちです。普段の学習から、常にキーワードを頭に入れながら読むクセづけをしてください。普段から習慣にしていくことこそが、テストで解答できるようになる最大の秘訣です。

そしてキーワードに対して筆者の立場（「〇〇だと思っている」「賛成しているもしくは反対している」など）をしっかりと理解できると、問題の答えがひと目でわかることもありますので、キーワードに関して筆者がどのような立場なのかも忘れずに確認するようにしてください。

説明文のルール2

「しかし」の後ろの文が伝えたいこと

文章中に「しかし」や「だが」といった逆接の接続詞が出てきたら、その接続詞よりは前の文章は重要ではなく、接続詞のあとの文章が大事だということを頭に入れておいてください。

逆接の接続詞は、前の文と相反するが、あとに続くときに使われる接続詞です。つまり、前の文章が後ろの文章で否定されるということです。否定されるということは重要ではないということになりますので、逆接の接続詞が出てきたら、接続詞より後ろの文に注目するようにしてください。

たとえば、次の2つの文章を見てください。

A　私は犬を飼っています。しかし犬が好きではありません。

B　私は犬が好きではありません。しかし犬を飼っています。

AもBも「犬を飼っていること」と「犬が好きではないこと」の2つの文から成り立っていて、一見、似たような文章ですが、意味は異なります。Aの文章で最も言いたいことは「犬が好きではない」ということ。そしてBの文章でいちばん伝えたいのは「犬を飼っている」ということです

このように同じ文が使われていても順番が変わるだけで文章全体の言いたいことが変わってきます。逆接の接続詞はその役割から後ろの文が大事になります。これをしっかりと覚えておくようにしてください。

逆接の接続詞が出てきたら、ここから下が大事だよという意味も込めて逆接の接続詞を逆三角（▽）で囲みましょう。文章がぐっとわかりやすくなります。また、代表的な逆接の接続詞は覚えておくようにしてください。

代表的な逆接の接続詞は、次の通りです。

- しかし
- だが
- けれども
- ところが

では、例文を使って説明します。

例文

最近ではどんなものにでも効率化が叫ばれる時代になり、徹底して無駄を省くことが優先され、無駄なことは悪のように扱われがちです。しかし、世の中には無駄なことというものは存在せず、その時は無駄に思えたことでも後になって振り返るとむしろ効率的であったということがしばしば起こります。効率を重視するばかりに無駄をなくすことがかえって効率を悪くしている要因であるのは皮肉な結果と言わざるを得ません。

ルール通りに接続詞「しかし」に逆三角（▽）をつけてみると「世の中には無駄なことというものは存在せず、その時は無駄に思えたことでも後になって振り返るとむしろ効率的であったということがしばしば起こります。」という文が浮かび上がってきます。この部分が筆者の伝えたいことになります。

接続詞「しかし」より前の文は「無駄を省くことが優先されている」という事実描

写であり、「効率を重要視するばかり〜」の文は「無駄を省くことを優先することで起こるであろうこと」についての説明です。これらの文は筆者の主張ではないので文章全体からするとそれほど重要な文章ではないので、サッと読み流してしまって構いません。

このように逆接の接続詞に注目することで、長い文章も短く簡潔に言いたいことをつかむことができるようになります。

逆接の接続詞は非常によく使われますので、しっかりとチェックして筆者が伝えたいことを読み取るようにしてください。

説明文のルール 3

「つまり」のあとは、筆者の主張

「つまり」などの換言の接続語には前に書かれたことをまとめ、より簡単によりわかりやすく言い換える働きがあります。簡単に言えば「いろいろ書いてきたけど結局はこれが言いたいんだよね～」というときに、「つまり」を使ってもう一度わかりやすくまとめるときに使われます。

わかりやすく伝えるのということは、筆者が伝えたいと思っているということです。**「伝えたいこと」＝「筆者の主張」ですから、換言の接続詞のあとは筆者の主張になることが多いです。**

ですから、「つまり」が出てきたら「筆者の主張がくるぞ」と思ってしっかりと読むようにしてください。

換言の接続語が出てきたら逆接の接続語と同じく、「ここから下が大事」という意味も込めて、換言の接続語を逆三角（▽）で囲んでおくようにしてください。
こうすることで、筆者の主張が問われる設問の解答を探すとき、圧倒的に楽になるはずです。

代表的な換言の接続語は次の通りです。

●つまり
●ようするに
●すなわち
●このように

注意点としては、換言の接続語は説明や具体例をまとめるときにも使われることがあります。この場合には換言の接続語であっても筆者の主張が述べられていませんので、注意してください。

それでは例文を使って説明していきます。

例文

コインの表裏のように物事には相反する二つの側面があり、どちらを見るかによって感じ方や評価が異なってきます。つまり物事にはかならず長所もあれば短所もあるということです。すべてが長所ばかりもしくは短所ばかりというものはなく、利益をもたらすこともあれば弊害をもたらすこともあります。どちらか一方から見るだけでは本来の姿というものは決して見ることはできず判断をあやまることになります。

ごちゃごちゃと書かれている文章ですが、結局言いたいことは「つまり」以下の「物事にはかならず長所もあれば短所もあるということです」になります。

はじめに書かれているコインの話は「つまり」以下を伝えるための話題振りの文で、「すべてが〜」の文は「つまり」の文とほぼ同じことを言っており、「どちらか〜」の文は物事を一方からしか見なかったときの弊害の説明です。

同じようなことばかり言っていてどれが重要なのかがわかりにくくなりますが、筆者が「つまり」とまとめている以上、この文章がいちばん重要だと筆者が考えている文になります。
無意識に、もしくは意識的に筆者が読み手に伝えたいと思っているからこそこの文に「つまり」という接続語をつけています。

ごちゃごちゃとした文章でも「つまり」というヒントのおかげでかなりすっきりと文章を理解することができます。

文章中に「つまり」が出てきたら、すぐにチェックをして筆者の主張を読み取るようにしてください。

※なお、テキストによっては「換言の接続詞」ではなく「説明の接続詞」となっているものもあります。また、すべてが接続詞ではないので、この本では「まとめる役目のある言葉」をすべて「換言の接続語」という言葉で説明をしていきます。

説明文のルール 4

文末の「である」は強調表現

人が自分の意見を相手に伝えるときには「これが言いたいことだ」というふうに強調をします。たとえば普段会話をしているときに相手に何か大事なことを伝えたいときには自然と声が大きくなると思います。

しかし、文章で表現するときに大きな声は出せません。そこで用いられるのが「強調表現」です。

強調表現は文末に現れることが多く、文末を断定（言い切り）表現にして強調することが多くなります。ですから、文末が強調表現になっているときは、「筆者が特に伝えたいこと」だと判断して、その文を読み飛ばすことがないようにしてください。

あとから文章を読み直すときに見過ごさないように文末が強調表現になっている文を見つけたら必ずチェックをして、三角（△）（これより上が重要という意味）をつけるようにしておくとよいかと思います。

筆者の主張が問われている設問は、文末が強調表現になっている文が解答のヒントとなることが非常に多いので、そういった設問に答える際には文末強調表現の文を優先的に探していくと解答にたどり着きやすくなります。

文末の強調表現は見出しで書いた「である」が代表的ですが、そのほかにもありますので、しっかりと覚えて、文章中で見かけたら、チェックすることを忘れないようにしてください。

代表的な文末強調表現は次の通りです。

●～（な）のである
●～（な）のです
●～するべき
●～（しなくては）ならない

それでは例文で説明します。

例文

インターネットが発達したことにより、今は昔に比べ様々な情報をパソコンの前で手に入れることができるようになり、分からないことや知らないものがあればインターネットで調べその正体を知ることができるようになった。

もちろん、これはこれで素晴らしいことだと思うが、インターネットで仕入れた情報はあくまで他人の意見や感想というフィルターを通した情報であり、真の情報とは限らない。

真の情報というものは、実際に自分の目で確かめ、手で触れて感じなければ手にすることができないのである。


「情報」について書かれた文章です。一見するとどれも重要そうで、すべての文を押さえていかなければいけないように思えます。ただ、各文の文末を確認してください。**最後の文だけ文末が「である」になっています。つまり強調文、筆者がいちばん言いたいことになります。**

このように、どれも重要に思える文であっても、文末を確認することで筆者の言いたいことがひと目で判断できます。日本語は文末が非常に重要な言語ですので文末をさらっと読み飛ばすことなく、しっかりと読むようにしてください。

一語一句読み飛ばさないようにすることが国語の成績を上げることにつながっていきます。

文末までしっかりと読んで、普段から「どこが強調文になっているか」を確認する習慣をつけていきましょう。

である
"である"は強調だから、著者の言いたいこと!

説明文のルール 5

具体例は二重カギカッコで囲む

難しい文章を読んでいるときに具体例が出てくると、わかりやすいため記憶に残りやすくなります。しかし、説明文・論説文において具体例はそれほど重要ではありません。

というのも説明文・論説文で最も読み取らなくてはならないのは「筆者の主張」です。しかし、具体例というのは、筆者の主張をわかりやすくするための「補足説明」にすぎません。

補足説明ということは、文章全体を考えたときには、あってもなくてもそれほど大きな違いがないわけです。

文章の内容を正しくつかんでいくためには、文章で読み取るべきところ（話題や主張）を優先して読み取っていく必要があります。

長文をすべて記憶にとどめながら文章を読んでいくことはまず不可能ですから、具体例など文章全体の流れに影響が少ない部分はサッと読んでおくぐらいにとどめておくことが重要です。

本当であれば具体例は読み飛ばしてしまっても構わないと言いたいところなのですが、具体例に関しての設問があるためまったく読まなくてもいいとは言えません。ですから具体例が出てきたらその部分を二重カギカッコ（『　』）で囲むなどして、問題で問われたらすぐに見つけることができる状態にしておくとよいかと思います。

具体例を見つけるポイントは次の通りです。

●例示の接続詞（「たとえば」、「いわば」など）から始まる文
●固有名詞
●比喩を使った表現

具体例の始まりは比較的わかりやすいのですが、どこで終わるのかがわかりにくい文もありますので、具体例が始まったと思ったら、常に、「どこでこの具体例が終わるのだろう？」ということを意識しながら読むようにしてください。

それでは例文を使って説明します。

例文

科学は私たちに便利で効率的で豊かな生活をもたらしてくれたと同時に多くの弊害をもたらしました。『地球温暖化をはじめ酸性雨やオゾン層の破壊といった環境問題は科学がもたらした弊害ということができるでしょう。また、福島の原子力発電所の事故で放射能汚染の被害に遭い、今後数十年にわたり人が住むことができなくなった地域もあります。』このように生活を便利にしてくれるはずの科学が生活を奪ってしまうという事態も起こってしまっています。

科学によってもたらされた弊害についての具体例が二重カギカッコ（『　』）で囲んだ「地球温暖化～地域もあります。」の部分になっています。

ここは具体例ですので、文章全体からすればとくに必要はないですが、問題として問われる可能性があります。そのため、二重カギカッコ（『　』）で囲んでおいてあとから探すときにわかりやすくしておきます。

ちなみに問題は、たとえば「科学によってもたらされる弊害はどのようなことですか。本文中より4つ答えなさい」といったものが考えられます。こういった場合には二重カギカッコ（『　』）で囲んだ部分から「地球温暖化・酸性雨・オゾン層の破壊・放射能汚染」の4つを答えればいいということになります。

この文章でのポイントは二重カギカッコ（『　』）で囲んだあとの文が、「このように」から始まっている点です。

具体例が書かれたあとに換言の接続語（96～99ページ「説明文のルール3」参照）がくることも多いので覚えておきましょう。

このように、以下の文は具体例の前に書いてある「科学のもたらした弊害」を「このように」以下で再度繰り返した内容になっているので、この文章全体のまとめになっていると考えられます。

説明文のルール 6

「問いかけ文」が出てきたら「答えの文」を探す

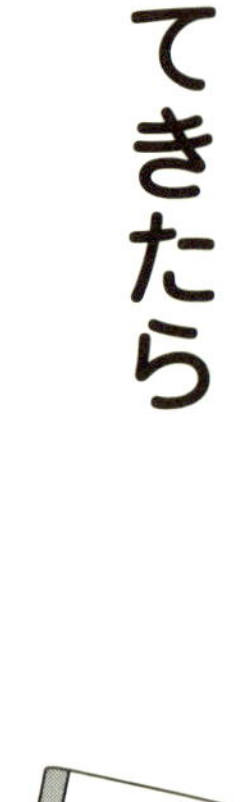

なぜ、問いかけ文が出てきたら答えを探す必要があるのでしょうか？

筆者は、自分が問いかけたことに、必ず文章中で答えています。

そしてその答えこそが、「筆者がその文章の中で、読者に対して最も伝えたいこと」でもあるので、問いかけの答えを探すことがそのまま「筆者の主張」を探すことにつながるので、文章を読む上で非常に大事になってくるのです。

さて、すでに気づかれていると思いますが、この文章も問いかけから始まっています。そしてその答えは、「問いかけの答えを探すことがそのまま筆者の主張を探すことにつながるので、文章を読む上で非常に大事」です。

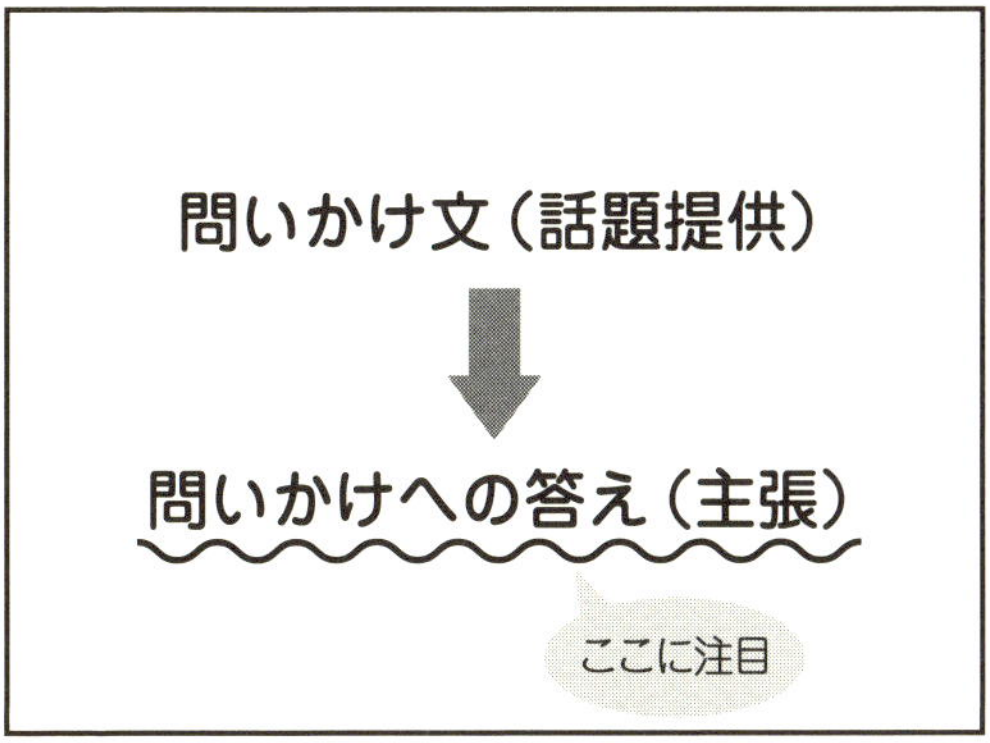

これが私の言いたいことです。

こんなふうに、「問いかけ文」とは、自分の主張を読み手に伝えるためにより注目してもらうための文章表現です。

ですから、問いかけ文が出てたら必ず答えを探すようにしてください。

答え以外のところは軽く読み流してしまっても問題ありません。

そして答えが見つかったらそれが筆者の主張になりますので、しっかりとチェックしてください。

それでは改めて、例文を使って説明します。

例文

夢を実現する一番の近道はなんでしょうか。熱意をもってがむしゃらに前に進むのも1つの方法かもしれませんが、それだけではなかなか上手くいくものではありません。夢を実現するためには多くの時間がかかりますから長く継続できることである必要があります。

ひたすら夢だけを追っていくのもよいかもしれませんが、いまの自分の能力でできることに力が足りないようでは大きな夢をつかむことはできません。夢ばかりを語るのではなく、いまできることに全力投球することこそが一番重要なのです。

問いかけ文

筆者による考え

最初の「夢を実現する一番の近道はなんでしょうか。」の文が筆者の問いかけになります。そして最後の「いまできることに全力投球することこそが一番重要なのです。」が筆者による答えです。

こういった感じでまず読み手に対して問いかけを行い、さまざまな説明をしながら答える形で自らの主張を行っていく手法が使われることがしばしばあります。**こういった手法が取られた場合は、答えの文がそのまま「筆者の主張」となります。**

ですからこの文では、「いまできることに全力投球することこそが一番重要なのです。」が筆者の主張になります。

この文では、ちょうど文末も「〜のです」という強調文の形を取っているのでわかりやすいかと思います（100〜103ページ『説明文のルール4』参照）。

問いかけ文が出てきたら、必ずそれに対する筆者の答えを探す習慣をつけるようにしてください。そうすることで、文章の流れも筆者の主張も読み取りやすくなっていくと思います。

説明文のルール 7

「から」「ので」「ため」は理由の説明

読み手に主張を伝えるときには、ただやみくもに主張を繰り返したところで説得力がありません。そのため、主張をする際には、「その主張が正しいという理由」が述べられます。

文章中で「だから」「～から」「～ので」「～のため」といった理由を表す語があった場合は、筆者が主張の理由を説明している文になりますので、必ず印をつけて、あとからわかりやすくしておいてください。どんな印でも構いませんが、四角（□）などで囲んでおくとよいでしょう。

また、理由が書かれるときには、必ずその理由に関して筆者の主張が書かれているので、「なんの主張に関しての理由なのか？」ということをはっきりさせてください。

もちろん、筆者の主張が必ずしも近くに書かれているとは限りません。すぐに判断できなかったときには、前に戻って確認しておくことが重要です。

「理由」を表す語には次のようなものがあります。

●だから
●よって
●～から
●～ので
●～のため

ちなみに、「から」にはいくつかの用法があるので、「から」という文字だけで、すぐに「理由」だと判断することは早計です。「理由」を説明しているかどうかを、必ず確認してください。

それでは例文です。

例文

若者の言葉が乱れていると言われて久しいですが、吉田兼好も徒然草の中で言葉の乱れに触れ嘆いているようにこの問題はいつの時代でも変わらないようです。しかし、そもそも正しい日本語などというものは存在しないのではかと私は思います。なぜなら言葉というのは時代や場所によって合理的に変化していくものだからです。現在、私たちが正しいと思っている日本語も兼好法師が聞いたら気絶してしまうぐらい乱れに乱れているのではないでしょうか。

文章の話題は、「言葉の乱れ」についてです。さて、例文につけた印を見てください。まず、「そもそも正しい日本語などというものは存在しないのではないでしょうか。」が接続詞「しかし」で始まり、「私は思います。」となっているので、筆者の主張を表しています。

そして「言葉というのは時代や場所によって合理的に変化していくものだからです。」がその理由になっています。

このように、主張と理由がワンセットで出てくることが非常によくありますので、主張が書かれていたら、「これについての理由はどこにあるんだろう？」と探しながら読むことが重要です。

また、理由が出てきたときに、「この理由はどの主張を説明しているんだろう」ということも、同時に確認するようにしてください。

文章を読むときに、「理由の文」をしっかりと拾っていくことができるようになると、「なぜ筆者は○○と言っているのですか。その理由を答えなさい」といった問題に即座に答えられるようになります。

「主張」が出てきたら「理由」を探しながら読む、「理由」が出てきたら「主張」を確認し直す。

こういったことが無意識にできるように、普段から文章を読むときに気をつけてみてください。

第３章のまとめ

- ☑ 説明文は「話題」「筆者の主張」「具体例」「つなぎの文」で構成されている。
- ☑ 説明文で最も重要なのは、「話題」「筆者の主張」の部分。
- ☑ 説明文の読解には、ポイントを抜き出すための７つのルールがある。
- ☑ ルールに従い、「筆者の主張」や「その理由」、「具体例」に印をつける。

第4章

登場人物の気持ちがおもしろいほどつかめる！“物語文”5つのルール

物語文読解のキモとなるのは、なんと言っても「登場人物の気持ち」。これがつかめれば、物語文は攻略したも同然です。ここでは、登場人物の心の動きをはっきりと読み取るための5つのルールを紹介します。

物語文は、登場人物の心情を読み取ることに力を注ぐ

物語文とはいくつかの場面で組み立てられていて、その1つひとつの場面を組み立てているのが、「いつ」「誰が」「どこで」「どうした」というものになってきます。

それに加え、物語文を読んでいく上で最も重要なことは、「登場人物の心情（気持ち）」を追っていくことです。

というのも、大半の問題が「心情」に関するものなので、登場人物の心情の読解ができれば、「物語文の読解ができる」ということになるからです。

物語文を読んでいくポイントは、次の5つです。

① 登場人物を把握する。

② 時間と場所を表す言葉に注意する。

③ 登場人物の心情の変化とできごとに着目する。
④ 場面の移り変わりをしっかりととらえる。
⑤ 物語の全体の流れ（あらすじ）を正確にたどる。

物語文も説明文と同じで、自分の主観で読んではいけません。読み取るのはあくまで「登場人物の気持ち」です。

つまり、文章中に「登場人物が○○と思っている」「登場人物が××をした」と書いてあること以外は、答えてはいけないということです。

「自分だったらこう思う」だとか「自分ならこうする」といった読み手の考え方は、一切聞かれていません。ですから常に、「登場人物は、どう思っているのか？」「登場人物は、どう行動したのか？」ということを意識しながら読む必要があります。

また、物語で何より重要なことは、登場人物（特に主人公）の心情変化です。国語の問題で使われる話の多くは、困難や悩みや不安などを克服していく成長物語です。そして成長していく過程で「どんな心情変化が起こったのか」が問われることが多いのも特徴です。

物語文で必ず読み取らなくてはいけないことは、「登場人物に降りかかる困難や悩みや不安」と「それを克服する前とあとの心情」になります。

この「1つのできごと」と「2つの心情」（できごとの前とあとの気持ち）を読み取れるかどうかがカギです。

それを読み取るためのルールが、次の5つです。

物語文のルール1 登場人物を四角（□）で囲む。

物語文のルール2 登場人物の心情描写に傍線（—）を引く。

物語文のルール3 会話文の上に話している人物名を書く。

物語文のルール4 主人公の心の声を二重カギカッコ（『』）で囲む。

物語文のルール5 時間と場所を丸（○）で囲み、場面が変わったらスラッシュ（／）で区切る。

この5つのルールをもとに物語文を読んでいくと、「1つのできごと」と「2つの心情」が読み取れるようになっていきます。

ルールを見てもらえばわかりますが、物語を構成する要素は、「登場人物」「登場人物の心情」「場面」の3つです。

物語文を読むときには、この5つのルールを使い、それぞれの場面で登場人物が「どう感じたのか?」「どう思ったのか?」という心情と、その心情がどのように変わっていったのかを気にしながら読むようにしてください。

そうすることで、物語文の読解力が飛躍的に上がり、物語文を解くのが得意になっていきます。

それでは、5つのルールについて説明をしていきたいと思います。

物語文のルール１

登場人物を四角で囲む

物語文には必ず登場人物がいます。そして、登場人物に関して確認しなくてはいけないことが２つあります。

①誰が主人公なのか？
②登場人物は何人いるのか？

そこで、物語文で登場人物がはじめて出てきたときに四角（□）で囲むようにしてください。登場人物を四角（□）で囲む際のポイントは２つです。

１つめは、動物なども登場人物になる場合があるということです。

「犬」や「猫」といった一般名詞で出てきた場合は登場人物になりませんが、たとえば、「ポチ」とか「タマ」といったように呼び名で出てきた場合は登場人物になることがあります。

名前のついている動物は主人公の心情に大きく影響を及ぼす可能性がありますので、チェックをするのを忘れないようにしてください。

2つめは、登場人物はいつも同じ名前で出てくるとは限らないということ。

たとえば、「達也君」と呼ばれるときもあれば、「たっちゃん」と呼ばれることもあります。また、「お兄ちゃん」になるかもしれません。

実際の生活でも人の呼び名というものは1つと決まっているわけではありません。

文章中でも同じことが起こることがありますので、呼び名が変わっているけれども同じ人物であるときは、四角（□）で囲んで線で結んでおきます。

それでは例文を使って説明します。

例文

学校から帰ってすぐ**僕**はいつもの日課である**チョビ**の散歩にでかけた。チョビはなんにでも興味を持つ柴犬で僕の家に来てもう3年が過ぎようとしている。いつもの散歩コースを歩いていると、向うからキョロキョロと何かを探している女の子の姿が見えた。同じクラスの**木崎知恵**だった。知恵は僕とチョビに気づくと声をかけてきた。

同一人物

「**洋ちゃん**、チョビとお散歩？」

幼稚園の頃は何とも思わなかったが、最近はそう呼ばれるのが少し恥ずかしくて嫌だった。

「だから洋ちゃんって呼ぶのやめろって言っただろ」

「なんでよ。いいじゃんねぇ、チョビ」

この場面での登場人物は「僕」「知恵」「チョビ」の2人と1匹です。「僕」や「私」といった主人公目線で書かれている物語文の場合には、「主人公目線」であることを確認するためにも、「僕」や「私」を囲むようにしてください。

また、主人公目線で書かれる物語文の場合、ほかの登場人物が主人公の名前を呼ぶことがあります。

今回の場合は知恵が「洋ちゃん」と呼んでいます。主人公の名前が判明したときや呼び名が変わったときには、あとから見てすぐにわかるように、線で結んでおくとよいかと思います。

そして今回は、「チョビ」と柴犬の名前が出てきているので、登場人物として扱うことを忘れないでください。

登場人物扱いの動物の行動やその動物に対しての登場人物の行動に心情が表れることがありますので、登場人物扱いの動物の行動にも気を配って読むようにしていってください。

物語文のルール 2

登場人物の心情描写に傍線を引く

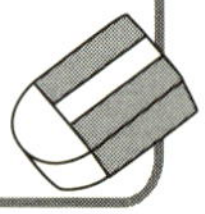

登場人物の心情の変化を追うことで、「物語のテーマ」が見えてきます。ある意味、心情の読解こそが、「物語文の読解のゴール」と言っても過言ではありません。**登場人物の心情を理解するために、まずは「心情語」を見つけることが大切になります。** しかし、実際のところはそれほど多くの心情語は出てきません。

登場人物の心情の多くは、「行動」や「態度」といった間接的なもので表現されており、比喩や慣用句といったものが多用されますので、読解の学習とともに比喩表現や慣用句をしっかりと学習しておくことが重要です。

心情表現を見分けるポイント

❶「登場人物の気持ち」を探す

●文末表現に注意する。
（例）「〜と思った」「〜と感じた」「〜と考えた」など
●気持ちや感情を表す言葉に注意する。
（例）気持ち↓「喜んだ」「怒った」「悲しんだ」「安心した」
感情　↓「うれしい」「楽しい」「寂しい」「くやしい」

❷「動作」「行動」を表す文を探す

●登場人物の動作や行動から心情が読み取れる部分がある。
（例）「やった」と太郎君は飛び上がりました。（喜び）
むっとして花子さんはどこかへと行ってしまった。（不満）

❸「表情」「態度」を表す文を探す

●登場人物の表情や態度で心情を表すことがある。
（例）三郎君は耳まで赤くした。（恥ずかしさ）
恭子さんの顔がパッと輝いた。（うれしい気持ち）

では、例文を使って説明します。

例文

転校してきて以来、遥は香奈が困らないように色々と親切にしてくれた。前の学校ではクラスのみんなから無視されていたので遥の優しさがありがたかった。それと同時にどうして遥がこんなにも親切にしてくれるのかが香奈には分からなかった。遥にならなんでも聞けるような気がして「なんで遥ちゃんは私なんかに優しくしてくれるの？」と香奈が思い切って聞くと、遥は「え？　別に優しくなんてないよ。友達なんだから別に普通でしょ」と当たり前のように言った。

遥の口から出た「友達」という言葉を聞いた途端、香奈の目には涙があふれた。よかった、香奈はこの学校に転校してきて本当によかったと思った。遥に泣いていることを気づかれないように香奈はそっと涙を拭いた。

物語文で最も重要な「心情の読み取り」です。最初に線を引いた「遥の優しさがありがたかった。」は、そのままズバリ心情が表れているのでわかりやすいかと思います。

傍線を引き、しっかりとチェックしてください。
次の「香奈の目には涙があふれた。」ですが、これは行動から読み取れる心情です。ただ、気をつけなければいけないことは、ここでの心情は「うれしさ」だということです。

「涙があふれた」ということは泣いているわけですが、「泣く＝悲しい」ではありません。**行動に表れる心情は、その前後の文章によって意味合いが変わってきますので、機械的に判断するのではなく、「なぜその行動になったのか？」を必ず確認することを忘れないでください。**

最後の「香奈はこの学校に転校してきて本当によかったと思った。」は文末に「思った。」とあるのでまぎれもなく「心情表現」です。

このように、心情表現はいろいろな形で表れてきますので、物語文を読むときには常に心情が隠されていないかに気をつけながら読み進めるようにして、心情が表れたら、必ず傍線を引いて、「ここが心情を表している」とすぐわかるようにしてください。

物語文のルール3

会話文の上に、話している人物名を書く

物語文では会話文を使って、登場人物に自分の心情を言わせることがあります。そのため、「誰」が「何」を話しているのかをしっかりと読み取る必要があります。

ここで重要になってくるのが、「誰」が話しているのかを取り違えないことです。**会話文の前後に、「○○はそう言った」というように書かれていればいいのですが、必ずしもすべてにそう書かれているわけではありません。特に会話が連続している場面は要注意です。**

会話文を取り違えると、後々、話が通じなくなってしまいますのでそうならないよう、会話が出てきたら必ず誰が話しているのかがわかるように「　」の上に会話をしている人の名前を書き込んでください。ただし、正式な名前を書く必要はなく、太郎君なら(太)や花子さんだったら(花)など自分がわかる方法で省略して構いません。

会話をしている人物を見分ける方法ですが、おもに次の3つのことが重要になります。

●直接書かれている場合。（「わかった」と太郎は言った）
●口調や言葉遣いに注目する。
●発言の内容に注意する。（矛盾していないかどうかを確認する）

会話は必ずしも順番に行われるわけではありません。

交互に会話が行われている場合もあれば、1人の話が続くこともあります。右に書いたようなことに注意して、誰が話しているのかをしっかりと理解するようにしてください。

途中で「話がおかしいな」と感じたら、会話の主を取り違えている可能性がありますので前に戻って必ず確認をするようにしてください。


それでは例文を使って説明していきます。

例文

優子は屋上のベンチに座っている博に声をかけた。

(優)「なにしてるの？」

(博)「なんだ。優子か」

(博)「ほら、あの雲見てみろよ。ウサギみたいだろ」

(博)「あれ？　ウサギがウナギになっちゃった」

博を元気づけようと優子は何か言いたかったが、上手い言葉が思い浮かばず何も言えなかった。

(博)「雲っていいよな。俺、雲になりたい」

(優)「雲？」

博が何を言っているのかわからず優子は聞いた。

(博)「うん、雲」


このように会話だけが続く場面が、物語文ではしばしば出てきます。会話だけが続くと、「誰が話している言葉なのかが、わかりにくくなる」ことがあります。

文章を読んでいるときは、読むことに集中をしているので会話している人を間違えることは少ないのですが、問題に答えようと問題文から答えを探すときには、内容を追わずに文字だけを追ってしまうため、会話している人を間違いがちになります。

すべての会話とは言いませんので、少なくとも会話が続いている場面などでは、「誰が話しているのか」をメモ書きしておきましょう。

あとから読むときに混乱しないように、名前をメモするクセをつけてください。

物語文のルール 4

主人公の心の声を二重カギカッコで囲む

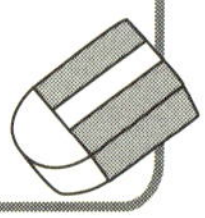

通常、会話文はカギカッコで囲まれており、その会話文の中に登場人物の心情が書かれていますが、登場人物が心や頭の中で思ったことなどは、口には出していないので当然、会話文にはなりません。

この心や頭の中で思ったことが「心の声」です。日常生活でもそうですが、心の声のほうが実際に口に出した言葉よりも本音であることが多く、物語文でも登場人物の心情を読み取る上で非常に重要です。

ただし、この心の声は心情表現と非常に見分けがつけにくいので、「心情表現」なのか「心の声」なのかはそれほど厳密に区別する必要はありません。

次から次へと心情表現が続いている文などが出てきたら「心の声」である可能性が高いのでまとめて二重カギカッコ（『　』）で囲ってもかまいません。

心の声を見つけるポイント

❶会話文でない場所で「人称」が突如変わる

今まで「達也」や「真弓」といった名前で書かれていたのに突然、「僕」とか「私」といったように「1人称」に変わったときは「心の声」。

（例）達也は急いだ。また俺だけ遅刻かなぁ。

❷自分自身に話しかけている

（例）いつだってそうだ。僕が困っていてもみんな知らんぷりじゃないか。

❸会話文でない場所で記号（符号）がついている

（例）俺って天才じゃん！

（例）あれっ？　この道で合っているはずなんだけど。

（例）やっぱりダメだったか……。

それでは例文で説明します。

例文

いつもは帰り道が同じ勇人と哲也と一緒に帰るのだが、修一は和弘のひきょうな行動と高木先生の言葉にどうにもこうにも納得ができず二人を待たずに校門を出た。『なぜ僕が怒られなくてはいけないんだ。なんで喧嘩両成敗だ！　そもそもあれは喧嘩なんかじゃない。ズルをした和弘に注意をしたらあいつが怒って殴りかかってきたんだ。僕は和弘に手を出してもいないし怪我をしたのは和弘が勝手に転んだからなのに。』怒りが収まらない修一は道端に転がっていた空き缶を思いっきり蹴った。

ルール通りに心の声を二重カギカッコ（『　』）で囲んでみましたが、おわかりでしょうか。はじめに「修一」と、この文章の主人公の名前が出てきています。しかし、二重カギカッコ（『　』）で囲んだ中を見てみてください。「修一」が「僕」というように1人称が変わってきます。

これが「心の声」のサインです。二重カギカッコ（『　』）の中が修一の気持ちであることが読み取れるかと思います。実際に声には出していないので会話文にはなりませんが、心の中で修一が話しているイメージが浮かぶでしょうか。

このように、実際には口に出していないけれど心の中で思っていることが物語文ではしばしば見られます。**これをしっかり押さえていけば、物語文で主人公の心情をつかむことができます。**

また、「なんで喧嘩両成敗だ！」と記号「！」が出てきていますので今回は見つけやすいかと思います。こういった記号は、気にすれば意外に多く出てきていることに気がつくと思いますので、しっかりチェックするようにしてください。

「心の声」が出てきたときには、どこで終わるのかということにも注意をしてください。なお、最後の文で「怒りの収まらない脩一」とまた主人公の表記が名前に変わっているのでこの文は「心の声」ではありません。

ですから「心の声」はこの文の前の「～和弘が勝手に転んだからなのに。」で終わっています。

物語文のルール 5

時間や場所を丸で囲み、場面が変わったらスラッシュで区切る

物語文を読んでいく上で大切なことが、「ストーリーの大きな流れを、正確に読み取っていくこと」です。

物語は必ずいくつかの場面からつくられており、その場面を読み取るために「時間」と「場所」に印をつけていくことが重要になります。

「時間」や「場所」についての表現を見つけたら丸（○）で囲むようにしてください。

時間と場所と場面転換のポイント

❶時間

●1日の時間帯（朝、昼、夕方、夜など）

●季節（春、夏、秋、冬など）

●年代（小学生のころ、20××年など）
●（登場人物の）回想や想像の場面

❷場所

実際の場所（学校、家、塾）、架空の場所（登場人物の想像）に関係なく、場所についての記述があったら丸（◯）で囲むようにしてください。

❸人物の登場・退場

新しい登場人物が出てきたり、今までいた登場人物がいなくなったりした描写があった場合は、その次から場面が変わるケースが多いです。

（例）そう言ってお母さんは、台所へ食事をつくりに行った。／⇒（このあとから場面が変わります）

それでは、例文を使って説明します。

例文

いくら探しても家の鍵は見つからなかった。公園の時計はもう4時をさしている。こんなことになるのならまっすぐに家に帰ればよかったと知恵は寄り道をしたことを後悔した。お父さんもお母さんも親戚の家にでかけてしまったので鍵が見つからなければ家に入れない。知恵は半べそをかきながら鍵を探し続けた。

あたりは真っ暗になってきた。/もう見つからない、知恵があきらめかけたそのとき「あった～」と砂場の方から洋一の声が聞こえてきた。

「これじゃない？」

洋一の手に握られていたのはたしかに知恵の家の鍵だった。

時間と場所を丸（○）で囲みました。最初の「4時」というのは具体的な時間を表しているのでわかりやすいと思います。このようにはっきりとした時間が出てきたときには、必ず丸（○）をつけて確認をしておいてください。

次に時間を表している語が「あたりは真っ暗」という表現になっています。その前の時点で4時と書かれていますので、その時点からだいぶ時間がたっているということとが読み取れます。
時間というのは必ずしも明確に書かれるものだけではありません。太陽の動きや天気などで時間の移り変わりが表現されることが多いので、気をつけて読むようにしてください。

場所に関しては「公園」と「砂場」という語があったので、丸（◯）で囲んでおきました。今回のケースでは大きな場所移動があるわけではありませんのでそれほど気にする必要はありませんが、明らかに別の場所に移動しているようなときには必ずチェックしましょう。

最後は場面の切り替わりですが、最初のシーンは知恵が1人でしたが、鍵が見つかったシーンでは洋一が出てきています。

登場人物の増減があったときには、場面の切り替わりであることが多いので、登場人物の増減に気がついたら、場面が変わっていないかどうかを確認し直すようにしてください。

第４章のまとめ

- ☑ 物語文は、「登場人物の気持ち」を知ることがすべて。
- ☑ 登場人物の気持ちをつかむためのルールは5つ。
- ☑ ルールに従い、「登場人物」「登場人物の心情描写」「会話している人物名」「主人公の心の声」「時間・場所」「場面の切り替わり」などに印をつける。

第5章

答えるツボを押さえて、さらに得点アップを目指そう！

普段は間違えないような問題でも、実際のテストではつまらないミスで得点を落とすことも多いもの。ここでは確実に得点につながる解答法について説明します。

設問もしっかりと「音読」

設問は問題文に比べて軽視されがちです。しかし、国語で誤った解答をする大きな原因は、「設問に正しく答えていない」ことにあります。**つまり設問を正しく読んでいないのです。**

多くの子どもが、設問を読み違えたことを「ミス」だと思っています。たしかに、一度や二度であればミスと言っていいかもしれません。

しかし、テストのたびに設問を読み違えるというのであれば、それはミスではなく、「能力の欠如」と言ってもいいと思います。

「能力の欠如」と言うと少し厳しく聞こえてしまうかもしれませんが、設問を正しく読むことの重要性を十分理解していないということです。それくらい、「設問をしっかり読んで、理解する」ことは大切です。

設問をしっかりと読む意識を持つだけでも、国語の成績は上がっていきます。普段の学習時から「設問を注意深く読んでいく」ことが重要です。

そのためにはまず問題文だけではなく設問も「音読」をする。**そう、ここでもやはり「音読」が効果を発揮します。**

問題文は音読をするのに、設問を音読しないと、子どもは「設問は大事ではない」と勘違いをしてしまいます。また、何より、設問を音読することで、解けなかった問題が解けるようになることもあるのです。

直接国語を指導するときによくあることなのですが、ずっと「わからない」とうんうん唸っていた子が、私が設問を音読し始めると突然「わかった！」と言い出したり、設問を音読させると「あっ！」と声を上げて正解にたどり着いたりします。

そうです。私は何も教えていないのに、設問を音読しただけで正解にたどり着くのです。**音読をすることで、「今まで見えていなかったもの」が見えてくるのでしょう。**

正確に言えば、「それまで設問を見ていたが、読んでいなかった」のです。

ですから設問に正しく答えられるようにするためには、「設問を見る」から「設問を声に出して読む」に意識を切り替えさせることが重要です。

しかし、ただお子さんに「設問をしっかりと読みなさい」と言ったところで、おそらく「読んでいるよ」と怒って応酬。親子バトルの原因になるだけです。

そうならないようにするためにも、「設問を音読する」という方法を取ることがいちばんです。音読をする以上は文章をしっかりと確認する必要がありますし、また「設問を音読する」というルールであれば「音読した・しない」の争いにはならないので、親子バトルにつながる可能性は激減するでしょう。

設問を音読すると同時に、「問題条件に印をつけていくこと」も大事です。

ここでの「条件」というのは大きく2つあります。

1つ目は、「主語」はもちろんのこと、「なぜ○○なのでしょうか」の「なぜ」や、「誰々はどう思ったのでしょうか」といった出題者が設問で「何について聞いているのか」「何を答えてほしいのか」ということです。

2つ目は文字通り、「条件」です。具体的に言うと「○○字以内で」といった文字数条件、「抜き出しなさい」「ふさわしいもの・ふさわしくないもの」「1文を」「○○という語を使って」などのものです。

設問の条件には、多くのヒントが隠されています。設問条件を丁寧に拾っていくことが正解にたどり着く近道になりますので、しっかりと習慣づけていきましょう。

最後に、「テスト中の音読方法」です。テストのときには当然口に出して設問を読むということはできません。ということで「口パク」が効果的。

実際には声に出さず、口だけ動かすということです。もちろん設問条件に印をつけていくことも忘れないでください。声は出さずに口だけ動かしながら読んでも、黙読をするよりは、しっかりと読み込む効果が高いです。テストでは問題条件に気を配りつつ、1文字1文字、口を動かしながら設問を読ませてください。

設問をしっかりと読む習慣はひと月も繰り返せば身につきます。しかし、一度身についたからと言って、安心はしないでください。

放っておくと子どもはすぐにめんどくさがって「音読」しなくなりますので、読解問題をやる前や設問に取り組む前には必ず、「声に出して読もうね」と確認しましょう。

ただ、それを行うだけの価値は十分にありますので、ぜひ「設問も、声に出してしっかりと読む」ことを徹底させてください。

傍線部にこそ解答のヒントが隠されている

読解問題では傍線部を使って多くの設問がつくられていますが、それを単なる設問の場所を示しているとだけ考えてはいないでしょうか？

じつは、この傍線部にこそ解答のヒントが数多く隠されていますから、傍線部をしっかりと読むことが正しい解答を出すための第1歩です。

傍線部をさらっと見るのではなく、傍線部にヒントがあるのでは？　という意識を持つようにさせてください。ここでは傍線部に隠れているヒントを見つけるためのポイントをご紹介していきたいと思います。

❶傍線部が引かれている箇所だけでなく、「1文すべて」を確認する

傍線が1文すべてではなく文の一部にしか引かれていない場合は、必ず1文すべて

に線が引かれているものとして考えてください。

そもそも、なぜ一部分にしか線が引かれていないかというと、「その文の中に答えがある、もしくは最大のヒントがある」からです。

傍線部だけを見ていても答えは見つからないけれど、1文すべてを確認しておけばすぐに答えが見つかることも多いので、傍線部だけではなく、必ず1文すべてを確認するようにしてください。

❷傍線部が長いときには「主語と述語」の形に直してみる

傍線部について答えるのですから、まずは傍線部が何を言っているのかがわからなければ話になりません。

ですが、傍線部が長くなると、「いったい何が問われているのか？」がわかりにくくなることがあります。

そういったときには、「主語と述語の形（○○は△△だ）」に直してみましょう。

傍線部の内容がわかりやすくなり、設問者が何を答えさせたいのかがわかりやすくなります。

設問に答える前にまずは傍線部の内容を把握することが大事ですので、「何を答えればいいのかわからない……」というときには、必ず傍線部に戻って傍線部の内容を理解するようにしてください。

❸傍線部に指示語が含まれていたら「指示語が指しているもの」を確認する

傍線部もしくは傍線部を含む1文に指示語が含まれていることがありますが、そういった場合には必ず指示語が指している内容を確認するようにしてください。

というのも、傍線部に指示語が含まれている場合は、指示語の指す内容がそのまま答えであったり、解答の一部になったりすることが多いからです。

もちろんすぐに解答につながらないこともありますが、指示語の内容を明らかにすることで設問の意図に気がつくことも多いので必ず行うようにしてください。

❹傍線部が引かれている「段落」を最後まで読んでみる

もし、傍線部が段落の最終文でないときにはその段落を最後まで読んでみるようにしてください。

日本語の文章は、大事なことを最後に書く傾向があります。それは段落単位でも同じことが言えます。

傍線部についてのまとめがその段落の最後の文で行われることも多く、また最終文が解答になるということもしばしばあります（最終文が強調文のときは、とくに注意が必要です）。

設問の答えがわからないというときは、ただ漠然と考えるのではなく、必ず傍線部（傍線部を含む1文）に戻って、「何が問われているか？」をもう一度確認し直すようにしてください。

それでもわからないときは、傍線が引かれている段落まで範囲を広げていくことで「解答のヒント」が見えてきます。

選択肢は選んではいけない

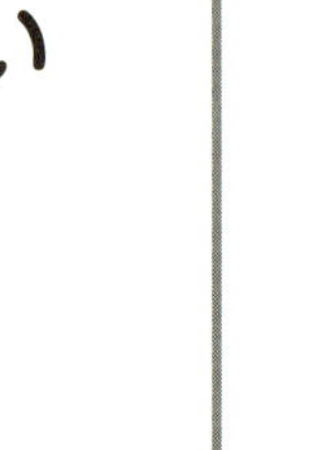

選択肢問題では、選んではいけません。

こう書くと「えっ？」と思われるかもしれませんが、決して誤植ではありません。選択肢問題を苦手としている子どもは、選択肢を選ぼうとするから間違えてしまうのです。

察しのいい方は消去法の話かと思われたかもしれません。もちろん消去法を使ってはいくのですが、その前に1つやらなくてはいけないことがあります。**それは、「選択肢の正誤を判断する前に、自分で解答のイメージ」をつくることです。**

と言っても、主観で解くという話ではありません。繰り返しになりますが、国語は決して主観で解いてはいけないのでしたね。

そうではなく、「もし記述問題だったらどのような解答にするのか」を、選択肢を見る前に考えるということです。

なぜ、こんなことをするのでしょうか？　**それは、選択肢を見てしまうと、その選択肢に引っ張られて、正しい解答がわからなくなってしまうからです。**明らかに間違っている選択肢であればいいのですが、問題になってくるのは「正誤が微妙な選択肢」、いわゆる「ひっかけ問題」です。

怖いもので、正誤の判断が微妙な選択肢をひとたび目にしてしまうと、「なんとなく合っている」ように錯覚してしまうことがあります。

あらかじめ自分なりの解答を考えてからであれば、判断に迷う選択肢であっても、それに引きずられることが少なくなります。

そのためにもまずは自分なりの解答をつくってから、選択肢の判断に移るようにしてください。

次に選択肢の判断ですが、「本文の記述と矛盾するもの」、もしくは「本文に書かれていないもの」を消去します。

このときに大事なことは、「選択肢のどの部分が間違っているのかをはっきりさせ

ること」です。できれば間違っているところに線を引いて、バツをつけるようにしてください。

具体的にどこが間違っているのかを確認せずに、「なんとなく間違っている気がする」という感覚だけでバツをつけてしまう子どもがいますが、これではなんの意味もありません。「ここが間違っている」とはっきり指摘しない限りは、消去法を取る意味がありません。

ただ、はっきり「間違っている」と指摘できない、判断がつかない選択肢もあります。選択肢には、「絶対的に消せる選択肢」と「相対的にしか消せない選択肢」が存在するからです。

絶対的に消せる選択肢というのは先ほど書いた「本文の記述と矛盾するもの、もしくは本文に書かれていないもの」です。一方、相対的にしか消せない選択肢というのは、間違ってはいないけれども、正解の選択肢と比べるとやや説明不足だったりする選択肢です。

相対的に消せる選択肢というのは必ずしも間違っているわけではないので、単なる消去法では対応できません（相対的に消せる選択肢の消去の仕方は、次項で説明します）。ですので、迷ったら保留しておいてください。

この「保留」という考え方は、じつは選択肢問題において非常に重要です。無理に消去せずに、「迷ったら保留」しましょう。

と言っても、何から何まで保留にしていいというわけではありません（結局、答えが出せませんからね）。選択肢をじっくりと読んで、「本文の記述と矛盾しているところはないか、本文をしっかりと確認しながら間違いを探すようにしてください。

選択肢の正誤を判断しているうちに、明らかに正解だと思われる選択肢が出てくることもあると思います。そういった場合は、とりあえず合っているという意味で選択肢の記号にでも丸をつけておいてください。

ただし、それで終わりにはせず、残りの選択肢も必ず正誤を判断して、ほかの選択肢が間違っているということがはっきりするまでは、決して解答欄に答えを書かないでください。

選択肢問題の基本は、あくまで「消去法」です。「合ってる！」と思ってすぐに飛びつくとロクなことはありません。「答えを書くのは、ほかの選択肢が間違っていると確認してから」を徹底させましょう。

最後の2択で迷ったら

選択肢問題では「最後の2つまでは絞れたんだけど……」ということが、しばしばあります。しかし、選択肢問題では途中点は存在しないので、間違ったらそこでアウト。ということで、最後の2択まで絞ったあとの取捨選択が重要になります。

絞った選択肢の中から答えを選ぶポイント

❶選択肢同士を比べたらアウト

2択のどちらかを決める際には、決して選択肢同士を比べてはいけません。選択肢同士を比べると、自分の考えに近いほうを選んでしまうため、主観が入り込みやすくなります。

国語ではいかに主観を入れずに解くかが大事になってきますから、選択肢同士を比

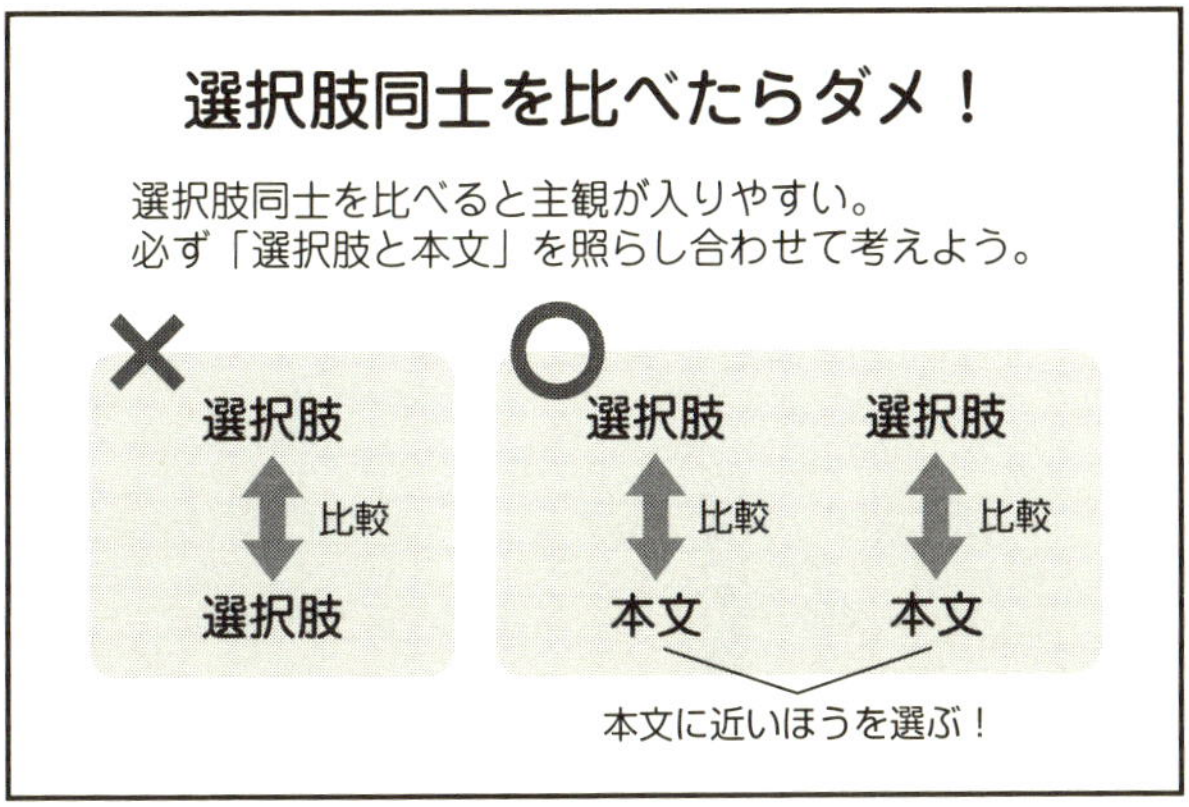

選択肢同士を比べたらダメ！
選択肢同士を比べると主観が入りやすい。
必ず「選択肢と本文」を照らし合わせて考えよう。
×
選択肢
比較
選択肢
○
選択肢
比較
本文
選択肢
比較
本文
本文に近いほうを選ぶ！

べることは、絶対に行ってはいけないことです。

選択肢を比べるのは、あくまで「本文」です。選択肢同士ではなく、「本文と比べてどちらがより本文に近いのか」という観点から判断するようにしてください。

注意してほしいのが、「本文により近い」というのは意味が近いということで、同じ語句が使われているから近いといったことではありません。見かけに騙されることなく、しっかりと選択肢の内容で判断をするようにしてください。

❷設問の意図に合っているか

最後の2択に迷ったら、必ずもう一度設問を読み返して、「何が問われているのか」を確認し直すようにしてください。「たしかに本文には書かれている。でも、設問で問われていることに対しての答えではない」という選択肢である場合があります。

選択肢の正誤を判断しているうちに、「何を聞かれていたんだっけ？」と、設問を忘れてしまうことがあります。

そんなときは、再度設問を見て、何が問われているのかを確認するようにしてください。

❸言い過ぎの表現はあやしい

選択肢の中に、次に挙げる言葉が出てきたら、注意深く本文と突き合わせるようにしてください。

本文をよく読んで「本当にすべてを限定しているのか？」「完全に全部ダメだと言っているのか」にポイントを置いて、本文をもう一度読み返して判断をするようにしてください。

こんな表現が出てきたら、「ひっかけ」の可能性もありますので、注意が必要です。
●限定表現
(例)すべて、常に、絶えず、必ず、~のみ、誰でも
●全部否定表現
(例)まったく~ない、どんな~ない
●部分否定表現
(例)必ずしも~ない

ただし、右に書いた言葉が選択肢の中にあるからといって、必ずしも誤りの選択肢であるわけではありません。とは言え、要注意の言葉ではありますので、本文としっかり突き合わせるようにしてください。

長い選択肢は「区切り」で解消

長い選択肢の場合、１文すべてで判断しようとすると文全体の印象で選択肢の正誤を判断しがちになります。**しかし、選択肢問題では選択肢の中に1つでも誤った内容が含まれていたら誤りの選択肢になりますので、全体のイメージではなく内容を細かく吟味していくことが重要です。**

そのためには長い選択肢が出てきたら必ず区切って判断するようにしてください。長い選択肢は読点（、）で区切って、それぞれ内容が合っているかどうかを本文と照らし合わせながら判断していくようにしていくと正誤の判断がつけやすくなっていきます。

内容を判断していく場合には合っていれば丸（○）、間違っていればバツ（×）をつけます。また、判断できない（わからない）場合にはとりあえず三角（△）をつけて、保留にしておくことも忘れないでください。ほかの選択肢の正誤から無理に判断しなくても答えがわかる場合が多いので、わからない場合はとりあえず保留にしてください。

具体的に文章と設問を使って説明していきます。

例文

次の文章を読んであとの問いに答えなさい。

自然の対義語は人工である。国語の試験であれば丸がもらえるし、自然の意味を辞書で引いてみると「山や川、草、木など、人間と人間の手の加わったものを除いた、この世のあらゆるもの」とあるので間違いではないのであろうが、私は少々違和感を覚える。

ビーバーのつくるダムは自然物であり人がつくるダムは人工物と考える一方で、人の手が入りきっちりと管理されている田園風景や里山を見て自然を感じたりする。

そもそも人間は自然の一部であり、人の手が加わったものをわざわざ自然と分けて考える必要はないのだ。人間もあくまで自然界に存在する一つの動物に過ぎず、人間だけが特別だと思うのは人間のエゴであり環境保護を語る前にまずはこの意識を変えていかなければならないのではないだろうか。

問　傍線部「私は少々違和感を覚える」とありますが、筆者はなぜそのように言っているのですか。次のア～エの中から選び記号で答えなさい。

ア　人間がつくるダムは人工物なので、ビーバーのつくるダムも人工物といえるから。

イ　自然の対義語が人工であるのは当たり前のことなので、わざわざ辞書で引く必要などないから。

ウ　人間も自然界に存在する一つの動物に過ぎず、人の手が加わったものを自然と分けて考える必要はないから。

エ　人間も自然の一部と考えることができるので、田園風景や里山は人工物と考えるべきだから。

まず、アの選択肢ですが、前半の「人間のつくるダムは人工物」という文章の内容を踏まえると、筆者がどのように考えているのかが明確ではなく、判断が難しいので保留。後半の「ビーバーのつくるダムも人工物」というのは明らかに不正解です。

イは、前半も後半も文章に書かれていないので誤った選択肢です。

エは、前半の「人間は自然の一部」は書かれているので○、後半の「田園風景や里山は人工物と考えるべき」は判断が難しいので保留です。しかし、この選択肢は前半と後半で意味のつながりがおかしいため、間違った選択肢となります。

ウは、前半「人間も自然界に存在する一つの動物に過ぎず」と後半「人の手が加わったものを自然と分けて考える必要はない」も本文と一致しているので前後半とも○となります。よって、この選択肢が正解になります。

このように長い選択肢も「読点」で区切って本文と突き合わせると正誤の判断がつけやすくなります。

長い選択肢が出てきたら、読点で区切って判断するよう習慣をつけさせてください。

指示語は1文前に戻る

指示語は出題頻度も高く、また設問で問われなくても文章を正しく理解する上で確実に読み取っていきたいので、しっかりとマスターしたいものです。

指示語の指す内容を正しくとらえることは、慣れてしまえばそれほど難しいものではありません。まずは正しく読み取るための手順をご紹介したいと思います。

手順1　指示語の後ろに続く言葉を確認する

手順2　**手順1**で見つけた後ろの言葉に対応する言葉を見つける

手順3　**手順2**で見つけた言葉に指示語が含まれている場合は前の文に戻って探す

手順4　指示語に当てはめて意味が通るかを確認する

この4つの手順を行うことで指示語の指し示すものを正しくとらえることができま

す。なかでもとくに大事なものは、**手順1**の「指示語の後ろに続く言葉を確認する」です。**指示語の設問が苦手なお子さんは指示語の前ばかりに目が行ってしまい、大事な後ろに気が回っていない場合が多いです。**

指示語というのは後ろに続く言葉で指し示す内容が変わってきますので、指示語の後ろをしっかり確認しないと、指示語の内容がつかめません。このことを理解することがまずは指示語を得意にするための第1歩です。言葉で説明するのは難しいので、例文を使って説明をしていきます。

次の**例文1**と**例文2**の傍線部「これ」はそれぞれ何を示しているでしょうか。

例文1

日常生活にともなって家庭から出される排水を生活排水といいます。この排水が川に流れ込み水質汚濁の大きな原因になっています。私たちは地球環境のためにもこれを守っていかなくてはなりません。

まずは、指示語の後ろに続く言葉を確認します（手順1）。すると「守っていかなくてはなりません。」となっています。ですから、守らなければいけないものに対応する言葉を探す（手順2）と、前の文に「川」という単語があるので傍線部の「これ」は「川」ということになります。念のため当てはめ直してみる（手順4）と、「川を守っていかなくてはなりません。」と意味が通じますのでこれでＯＫということです。

例文2

> 日常生活にともなって家庭から出される排水を生活排水といいます。この排水が川に流れ込み水質汚濁の大きな原因になっています。私たちは地球環境のためにも無策にこれを垂れ流し続けるわけにはいきません。

指示語の後ろに続く言葉を見る（手順1）と今度は「垂れ流し続けるわけにはいかない」とあるので垂れ流すものを探します（手順2）。すると前の文に「この排水」とあります。

じゃあ、これでいいかというと、**指示語の指し示す内容に指示語が含まれていてはいけません**ので、さらにもう1文戻ります（手順3）。「生活排水」という「排水」と関連する言葉が見つかると思います。ですから、**例文2**の「これ」は生活排水ということになります。当てはめる（**手順4**）と「生活排水を垂れ流し続けるわけにはいかない」と意味が通るので、これで正解ということになります。

このように、「指示語の後ろを確認」→「後ろの語句に対応するものを探す（指示語が含まれている場合はもう1つ前に戻る）」→「当てはめて確認する」という作業で指示語の指し示す内容というのはすぐに見つかります。

例文1と**例文2**は「日常生活～私たちは地球環境のために」まではまったく同じ文章ですが、指示語の後ろの文が異なっています。先ほど「指示語の後ろをしっかり確認しないと指示語の内容がつかめない」と書いたのはこういうことです。

指示語の設問では指示語のあとの言葉が解答を探すカギになりますので、「指示語がきたら後ろを確認！」を合言葉に、必ず指示語の後ろを見るようにしてください。

抜き出し問題の「解答検索術」

抜き出し問題というのは「いかにすばやく正確に解答を探せるか?」という能力が問われています。ただやみくもに問題文の中から解答を探してもそうそう見つかるものではありませんし、時間もかかってしまいます。

抜き出し問題で大事なのは、「目のつけどころ」です。それさえ身につければ抜き出し問題は案外楽に解けるようになるので、速く、そして正確に「解答を探すためのポイント」を説明していきたいと思います。

❶設問の中からヒントを探す

抜き出し問題に限ったことではありませんが、設問には多くのヒントが隠されています。そして抜き出し問題では設問に書かれている言葉とまったく同じ、もしくは同意表現（=同じ意味の言葉）が解答になるケースが非常に多くなってきます。ですから解答を探す前に解答を探すためのヒントを設問の中から探すことが重要です。

例文

問　傍線部①で「文明と文化は似ているようで大きな違いがあります。」とありますが、これを具体的に説明している部分を本文中より二五字以上、三〇字以内で答えなさい。

この例ではまず傍線部から「文明」「文化」「違い」というヒントが見つかります。そして、「具体的に説明している部分」という問題条件ですので「解答は具体例にありますよ」というヒントが読み取れます。

このように抜き出し問題（抜き出し問題に限ったことではありませんが）は、「設問からいかにヒントを読み取るか？」が重要になりますので、しっかりと探すようにしてください。

②①で見つけたヒントに触れている段落、場面に戻る

問題文を読むときには、段落ごとの話題や場面を区切りながら読んでいくことが大

事だということは先に説明しました（第2章参照）。その話題や場面を思い出して、だいたいの段落や場面の見当をつけてからヒントとなる語句を探していきます。

先ほどの例であればヒントは「文化」「文明」「違い」「具体的」ですので、文明や文化の違いに触れている段落に戻って探すことになります。

つまり、「文明と文化が対比されている具体例を抜き出しなさい」という問題です。

❸抜き出すときは文末から数える

抜き出し問題で重要なのは、解答となる箇所を問題文から過不足なく抜き出すということです。たとえ抜き出す場所が合っていたとしても、少しでも過不足があれば、それだけで不正解となってしまいます。

また、記述問題とは異なり、抜き出し問題では抜き出す場所を少しでも間違えてしまうと部分点すらもらえないことが多いので、正しく抜き出せるようにしなくてはいけません。せっかく場所がわかっているのに抜き出す箇所が正確でなかったために1点ももらえない……ではあまりにもったいなさすぎます。

過不足なく抜き出すためのポイントは、まずは文末を決めてそこから文字数を数え

上げていくということ。

文をどこから始めればいいのかに迷うことがよくありますが、文末は設問に対応した形になるようにすればいいので、文頭に比べ判断がつきやすいです。

ですからまずは、文末を決めてそこから数え上げていくということを習慣づけておきましょう。すると、不必要な語句を入れることもなければ、必要な語句を削ってしまう可能性も少なくなり、安心して正解を抜き出せるようになります。

物語文での勘違いを防ぐために

国語の問題では、問題を解く子どもの年齢に近い子どもが主人公の文章が物語文では数多く使われます。

そのため、物語が自分に近い分だけ読みやすいというメリットがある一方で、「僕なら、私ならこう思う」という主観で答えがちです。

国語の問題を解くとき、「主観は絶対に排除する」と説明しました。そのため物語文の設問に答えるときには、説明文のとき以上に注意しなくてはいけないことがあります。

それは、次の3点です。

注意点1 設問に入る前に「登場人物」「人物像」「時間・場所」「あらすじ」を整理する

問題文を読み終わったらすぐに設問に入るということはせずに、必ず次のことを確認してから設問を読み始めるようにしてください。

- 登場人物とその性格
- 物語の時間と場所
- あらすじ
- 物語でいちばん大きなできごと

右に書いたようなことを「整理すること自体」にも意味はあるのですが、それ以上に、すぐに設問に取りかからず、ひと呼吸おいて物語を思い起こすことで、設問を解く際に、問題文（本文）を読んでいる最中には気がつかなかったことにも気がつける可能性が高くなっていきます。

また、ひと呼吸おくことで焦る気持ちを抑えることができ、設問の読み間違いや勘違いといったものを少なくすることができます。

設問を解く前に、物語を思い出すため、必ず「いったん整理する」という作業を行うようにしてください。

注意点2　設問対象の人物の「会話」「行動」を探す

これが、物語文の設問を解く上で最も基本的な考え方です。

というよりも、このルールを意識して設問に取り組めば、「心情」に関する設問にはほぼ答えることができると言ってもいいと思います。

おそらく子どもは、「そんなこと、わかっている」と言うとは思いますが、誤った解答をしているときには、自分なりに解答を考えてしまったり、答えを探すことにばかり意識が向いてしまったりして、「設問対象者は誰なのか？」ということを忘れ、「なんとなくこれが答えかな？」と答えがちになります。

すぐに答えが見つからなかったときこそ、「設問対象者は誰なのか？」ということを思い出し、問われている人物の会話文を中心に答えを探していってください。

注意点3　選択肢は人物の主語を確認する

物語文で誤った選択肢をつくる場合によく取られる方法が、「選択肢の内容自体は正しいものにして、主語だけを変える」というものです。本文中の記述と見比べても内容自体は合っているので正解だと思いやすいのですが、よく見ると主語が違っていることがよくありますので必ず確認するようにしてください。

また、合っているのかどうかがよくわからない選択肢なども、主語が合っているかどうかによって、内容を深く吟味しなくても消去することができるので、主語の確認は必ず行うようにしてください。

記述問題は正解するのではなく、「点数を拾う」

ここでは、記述問題で「点数を拾う」3つのコツをご紹介します。

コツ1 記述問題は満点をねらわない

記述問題で点を取るコツは、「満点をねらわないこと」です。

満点をねらうとあれこれと内容を詰め込もうとして、文章が成り立たなかったりポイントがあいまいになったりして、ぼんやりとした答案になりがちです。そして結局は、点数をもらえない解答になってしまう……ということがしばしばあります。

記述式の問題は選択式の問題とは異なり、「部分点」があります。ですから、満点をねらって結局は1点も取れないぐらいであれば、最初から「配点の半分ぐらい取れればいいや」という気持ちで割り切ってしまって、自分が確実にわかっていることをきっちり書いていくほうがむしろ高い点を取ることができます。

コツ2 はじめから文章をつくろうとしない

記述問題の解答を書くときには一気に文章をつくろうとはせずに、まずは答えの材料となる文や単語を本文の中から抜き出して、メモ書きをしてください。

これはあとで文章にする際に抜けがないようにするためなので、下書きというほど立派である必要はありません。

もちろん単語の羅列でもいいですし、箇条書きでまとめてもOKです。**とにかく、「答えの材料となる言葉を、1つももらさない」ように探し出すよう努めていきましょう。**

コツ3 まずは「主語」「述語」「文末」を決める

採点者が解答を見たときに文章の意味がわからなくては意味がありません。ですから、他人が理解できる文章を書くことが絶対条件です。

そこでポイントとなるのが「主語」「述語」「文末」の3つです。

この3つがしっかりとしていれば、とりあえず読み手に伝わる文章になりますので、まずはここから先に決めてしまい、文章の枠組みをつくるようにしましょう。これを行うことで主語と述語のズレや文末表現の間違いを避けることができます。

記述問題の解答を書く上で避けたいのが「主語」と「述語」がズレることです。こ

れがズレてしまうと文章のポイントがズレてしまい、文章の意味が変わってきてしまうこともあるので、記述問題では致命的です。

また、文末を間違ってしまうと、たとえ内容が完璧であったとしても必ず減点をされてしまいますので、まずはじめに文末を決めてしまい、必要のない減点を避けるようにしましょう。

記述問題の解答の基本型は「主語」「述語」「文末」の3つとしっかりと頭に入れて、文字数に制約があっても、まずは基本型をつくるようにしてください。

【記述問題の基本型の例】

●理由が問われている設問の基本型「○○は△△だから。」

●内容説明が問われている設問の基本型「○○は△△ということ。」

●心情が問われている設問の基本型「○○は△△な気持ち。」

※○○には主語が、△△には述語が入ります。

このようにまずは「基本型」をつくってしまい、文字数に応じてあとから**コツ2**で探し出した材料をつけ加えていくようにすれば文章もつくりやすくなりますし、文の枠組みが崩れることがないので、最低限の「途中点」ももらえます。

記述問題は正解するというよりも、「点数を拾う」という考え方に変えると、意外と得点アップにつながります。

記述問題でいちばんやってはいけないのが「空欄」です。 いかに部分点をもらうかを意識して、わかる範囲だけでもいいので、必ず何か書きましょう。

見直しが得点アップの最大のカギ

子どもたちを指導していると、算数では見直しをするのに、国語では見直しをする子どもが少ないように感じます。ここで言う「見直し」とは、答えを出したあとにその答えが本当に合っているかの「確認」のことです。

これまでテストが終わってから、もしくは答え合わせのときなどに自分の答案を見直して、「なんでこんな答えを選んだんだろう?」とか、「あっ! これ間違ってるじゃん」といったように、お子さん自身が、「自分の出した答えの間違いに気づいた」ことはないでしょうか?

国語という科目は、本文と設問とを行ったり来たりします。それをしているうちに、自分が何を答えようとしていたのかがあいまいになってしまうことがあり、普段ならしないような間違いを平気でしてしまうことがあります。

しっかりと集中をして設問を解いていればこういったことは起こらないのですが、誰でも一瞬、集中が切れることがあるものです。ましてやお子さんはまだ小学生です。一瞬の気のゆるみもなく設問に取り組むことを要求するのは酷というものですし、現実的ではありません。

だからといって放っておいていいものではなく、それなりの対処をしなくてはいけません。そうしないといつまでたっても、「取れるはずの設問を落としてしまうこと」になり、それはあまりにもったいないです。

そこで大事になってくるのが「答案を見直す」ということ。

つまり、一度出した答えが本当に正しいのかを、次の問題に行く前に確認し直すということです。最も重要かつ基本的なことであるのに、実際にはあまり行っていないのが、私には不思議でしかたありません。

算数でなら当たり前のように検算で確認を行うのに（もし算数で検算をしていないのであれば、必ずさせるようにしてください）、国語で見直しをしない理由はありません。見直しをする習慣をつけることで、点数は確実に上がっていきますので、見直しを忘れず行うようにさせてください。

見直しの確認ポイント

❶問題条件に合っているか

設問をもう一度読み直して、問題条件を確認し直すようにしてください。

とくに「ふさわしくないものを選びなさい」（「ふさわしいもの」ではありません！）や「正しいものをすべて選びなさい」（「1つ」ではなく、「すべて」です。選択肢が「すべて」正しければ、「すべて」に丸をします）などといった設問には注意が必要です。

❷空欄補充・指示語問題では、必ず当てはめてみる

空欄補充や指示語の問題では必ず本文に当てはめて読み直し、文章の意味が通るかを確認してください。意味が通ればその解答は合っていますし、もし意味が通らなければ間違っているということです。

❸選んだ選択肢と本文をもう一度突き合わせる

選択肢の問題は自分が選んだ選択肢をもう一度読み直して、本当に「本文に書かれているか？」を突き合わせることを忘れないようにしてください。

❹記述問題の文末は正しいか

内容が正しくても、文末を間違えてしまうと確実に減点されてしまいます。理由を聞かれているのであれば「～だから」など設問に必ず対応した形にしてください。**もし、文末に迷ったら「オウム返し」にしてください。**

オウム返しとは、たとえば、「どういう気持ちですか」と問われたら、「～という気持ち」、「〇〇とはどういうことですか」と問われたら、「～ということ」というように、設問と同じ言葉を文末に持ってくるという意味です。

見直しには何も長い時間を使う必要はありません。次の設問に行く前にもう一度、自問自答するだけで十分効果があります。

この作業をするだけで、不思議なほど、自分の思い込みや勘違いに気がつけるようになります。日ごろから設問を解くときに見直しを行い、「見直しをしないとなんとなく気持ちが悪いなぁ……」と感じるぐらいまで、習慣をつけてください。

第5章のまとめ

- ☑ 設問をしっかり読む。
- ☑ 選択肢は「選ばない」。
- ☑ 指示語は「1文前」に戻る。
- ☑ 記述問題では、満点をねらわない。
- ☑ 最後には必ず「見直し」を。

特別問題

問題を解いて、力試しをしてみよう！

まず、練習問題を解きます。解く順番は、練習問題１の説明文が先でも、練習問題２の物語文が先でも構いません。最初に問題を解く際は、時間を気にせず、第１章〜第５章までで説明したポイントを押さえ、じっくり解いていきましょう。

練習問題1

説明文の問題を解いてみよう！

次の文章を読み、あとの問いに答えなさい。

「雑草」というのは、人間の都合で付けた呼び名である。その植物が役に立つか立たぬか、という判断がそこには入っている。沼田先生も、そのことから人間の身勝手さを批判して①先のことばを口にされたのだと思う。ところが、②その役に立つか否かという判断は、時と場合によって異なる。良い例としてクズを挙げることができるだろう。

クズは日本人にはおなじみのマメ科植物で、つる性の多年草である。日本人はこの根を用いてクズ粉をつくってきた。秋の七草のひとつにも入れられている。近年、このクズが、荒れた土地の緑化に有効であるとして日本からアメリカに持ち込まれ、その繁殖を意図しなかった地域で大繁茂してアメリカの多くの地で害草となっている。

我が家の庭には石垣があり、ささやかな家庭菜園もある。そこの管理は妻に委ねてあり（ここでも私は怠慢を決め込んでいる）、彼女は「刈っても刈ってもまたすぐに生えてくる」と困った顔をしながら、毎年雑草と格闘している。ある日、その様子を見ながらふと考えた。もし我々が砂漠に住んでいたらどうだろう。どんな植物でも構わないから、たくさん生えてくれることを望むだろう。植物が生えれば、そこには水があり、それを食べる動物がいる。人の命を支えてくれる源があるのである。

考えてみれば、刈っても刈っても雑草が生えてきて困るということは、そこにはそれだけ高い植物生産力があり、それを支える地力があるということだ。そして、何よりも、そこには多くの生命活動を支える水があるということである。

日本の年間降水量はおよそ一七〇〇ミリであり、世界平均の約一〇〇〇ミリを大きく上回っている。世界でも雨の多い国といえるだろう。その上、温暖でもある。これらの条件が、日本の高い植物生産力を支えている。たくさん降る雨は、しばしば洪水という災いを日本人にもたらすが、その一方で、大きな恩恵を与えてくれているのである。そう考えると生い茂る雑草に感謝の念を持つようになり、今、日本に暮らしていることの幸運を喜びたい気持ちになってこないだろうか。

そんな雑草をわれわれは除草剤をかけて枯らし、刈り取って燃やしている。その草は、太陽の下で増え、人間に殺されなければ、様々な動物の餌になっていただろう。すると、光合成によって雑草の体内に取り込まれた太陽エネルギーが、食物連鎖を介して多くの生物に運ばれていたに違いない。

例えばバッタは雑草を食べるが、そのバッタは、次に鳥に食べられるだろう。人間がかわいがっているツバメも昆虫を餌としており、雑草に始まる食物連鎖の上位に位置する動物だ。それだけではない。雑草からの食物連鎖は人間にまでもつながっている。雑草を食べたバッタなどの昆虫には、川や湖に落ちるものがいる。この水面に落下した昆虫は、例えばイワナなどの魚の重要な餌になっているのである。そして、そのイワナは釣り上げられ、食卓にのることになる。

また、雑草を燃やすということは、雑草が得た太陽エネルギーを熱エネルギーに変え、さらに二酸化炭素を大気中に放出することで、温暖化に貢献してしまう。それならば、刈った雑草を腐らせてから農地の肥料として使い、雑草からバイオエタノール※をつくる技術を開発して石油の代替燃料として使った方がいいだろう。もしそれが実現したなら、誰もその植物を雑草などと呼ばなくなるかもしれない。

ところで、二十年ほど前、ドイツのプリョンという湖沼地帯で開かれたプランクトンの国際会議に出席したとき、知り合いのミジンコ※研究者に招かれて、彼の自宅を訪れた。彼は、居間でお茶を飲みながら談笑している最中に、窓を大きく開け、「見てください。すばらしいでしょう」といいながら誇らしげに庭を見せてくれた。私はそれを見て一瞬言葉を失った。なぜなら、その庭は雑草だらけだったのである。私にはそれがきれいな庭とは思えなかったのだ。そのとき、同行した日本人研究者が笑いながら「我が家の庭と同じです」とジョークを言ったが、相手はその意を解さずきょとんとしていた。ドイツ人の彼にとっては、何も手を加えない自然のままの状態がすばらしい景観であるようだ。ということは、日本人が雑草と呼ぶ植物も彼には美しい植物なのである。

このやりとりにより、③ドイツ人と日本人の自然に対する考え方の違いを知り、また日本人が④偏見の目で植物を見ていることに気づかされたのであった。

その後、その家の主は、庭を掘ってつくった小さな池を指し、「あの池の中にはミジンコがいるんだよ」と言った。⑤さすが著名なミジンコ学者だ。この言葉で場の雰囲気が一気に和んだのである。

考えてみると、日本人だったら池をつくるとまずそこに魚を入れるだろう。日本人にはそのような固定観念があり、それが考え方の多様性を失わせているように私は感じた。

（花里 孝幸『自然はそんなにヤワじゃない』新潮選書）

※バイオエタノール……サトウキビやトウモロコシなどからつくったエタノール。ガソリンに混ぜて自動車燃料とする。

※ミジンコ……水中の動物プランクトン（浮遊生物、すなわち遊泳能力の低い生物）、筆者はこれらの微小生物群集の変化が、魚も含めた湖の生態系全体に与える影響を研究している。

問一　①「先のことば」とありますが、この本文の前にある沼田先生のおっしゃったことばとして、最もふさわしいものを次のア〜オの中から一つ選び、記号で答えなさい。

ア　雑草という名は時と場合によります。
イ　雑草というのは役に立たない植物のことです。
ウ　雑草という名の植物はありません。
エ　すべての植物は雑草から進化したものです。
オ　すべての植物に名をつけなければなりません。

問二　②「その役に立つか否かという判断は、時と場合によって異なる」とありますが、役に立つかどうかは時と場合によってどのように異なるのですか。クズの例を挙げて四五字以内で答えなさい。

問三　③「ドイツ人と日本人の自然に対する考え方の違い」とありますが、庭についてどのような違いがわかりますか。本文中の言葉を用いて六〇字以内でまとめなさい。

問四　④「偏見の目」とありますが、これとほぼ同じ内容を示している語句を本文の中から五字以内で抜き出して答えなさい。

問五　⑤「さすが著名なミジンコ学者だ。この言葉で場の雰囲気が一気に和んだのである。」とありますが、池にミジンコを入れたことがどうしてその場の雰囲気を和ませたのですか。次のア〜オの中から一つ選び、記号で答えなさい。

ア　冗談を言って学者を傷つけてしまったと思ったが、池のミジンコによってようやく名誉を回復することができたから。

イ　雑草だらけの庭には違和感があったが、池にミジンコを入れるという思いがけない学者の発想に驚いたから。

ウ　庭の雑草にはとまどいがあったが、池にミジンコを入れることは学者として当然であると皆が思ったから。

エ　雑草を庭に植えるなんて学者としての才能に疑問を抱いていたが、池のミジンコによって優秀さを理解できたから。

オ　庭の雑草に対する冗談には無関心だったが、さすがに学者としてミジンコに執着があることがわかったから。

問六　本文の主張として最も適切なものを次のア～オの中から一つ選び、記号で答えなさい。

ア　物事を役に立つか立たないかで判断しないで、その実態が本当はどうなっているのかを考えていくべきであろう。

イ　日本人は雑草の繁殖力を嘆くばかりではなく、それをもたらす日本の高い植物生産力に感謝しなければならない。

ウ　地球上の生物はすべて個別に存在しているわけではなく、さまざまな食物連鎖の中でしか生きられないのである。

エ　温暖化問題を解決するためには、太陽エネルギーやバイオエタノールなどの利用を普及させなければならない。

オ　雑草ひとつとっても、いろいろなとらえ方ができ、多様な考え方を大切にして自然の豊かさを見つめ直していこう。

練習問題1の解説

「雑草」というのは、人間の都合で付けた呼び名である。強調 その植物が役に立つか立たぬか、という判断がそこには入っている。沼田先生も、そのことから人間の身勝手さを批判して①先のことばを口にされたのだと思う。ところが、②その役に立つか否かという判断は、時と場合によって異なる。良い例としてクズを挙げることができるだろう。具体例 『クズは日本人におなじみのマメ科植物で、つる性の多年草である。日本人はこの根を用いてクズ粉をつくってきた。秋の七草のひとつにも入れられている。近年、このクズが、荒れた土地の緑化に有効であるとして日本からアメリカに持ち込まれ、その繁殖を意図しなかった地域で大繁茂してアメリカの多くの地で害草となっている。』

我が家の庭には石垣があり、ささやかな家庭菜園もある。そこの管理は妻に委ねてあり（ここでも私は怠慢を決め込んでいる）、彼女は「刈っても刈ってもすぐに生えてくる」と困った顔をしながら、毎年雑草と格闘している。ある日、その様子を見ながらふと考えた。もし我々が砂漠に住んでいたらどうだろう。どんな植物でも構わないから、たくさん生えてくれることを望むだろう。植物が生えれば、そこには水があり、

それを食べる動物がいる。人の命を支えてくれる源があるのである。（強調）

考えてみれば、刈っても刈っても雑草が生えてきて困るということは、そこにはそれだけ高い植物生産力があり、それを支える地力があるということだ。そして、何よりも、そこには多くの生命活動を支える水があるということである。（強調）

日本の年間降水量はおよそ一七〇〇ミリであり、世界平均の約一〇〇〇ミリを大きく上回っている。世界でも雨の多い国といえるだろう。その上、温暖でもある。これらの条件が、日本の高い植物生産力を支えている。たくさん降る雨は、しばしば洪水という災いを日本人にもたらすが、その一方で、大きな恩恵を与えてくれているのである。そう考えると生い茂る雑草に感謝の念を持つようになり、今、日本に暮らしていることの幸運を喜びたい気持ちになってこないだろうか。

そんな雑草をわれわれは除草剤をかけて枯らし、刈り取って燃やしている。その草は、太陽の下で増え、人間に殺されなければ、様々な動物の餌になっていただろう。すると、光合成によって雑草の体内に取り込まれた太陽エネルギーが、食物連鎖を介して多くの生物に運ばれていたに違いない。

（具体例）例えばバッタは雑草を食べるが、そのバッタは、次に鳥に食べられるだろう。人間がかわいがっているツバメも昆虫を餌としており、雑草に始まる食物連鎖の上位に位置する動物だ。それだけではない。雑草からの食物連鎖は人間にまでもつながっている。雑草を食べたバッタなどの昆虫には、川や湖に落ちるものがいる。この水面に落下した昆虫は、例えばイワナなどの魚の重要な餌になっているのである。そして、そのイワナは釣り上げられ、食卓にのることになる。』

また、雑草を燃やすということは、雑草が得た太陽エネルギーを熱エネルギーに変え、さらに二酸化炭素を大気中に放出することで、温暖化に貢献してしまう。それならば、刈った雑草を腐らせてから農地の肥料として使い、雑草からバイオエタノール※をつくる技術を開発して石油の代替燃料として使ったほうがいいだろう。もしそれが実現したなら、誰もその植物を雑草などと呼ばなくなるかもしれない。

具体例

『ところで、二十年ほど前、ドイツのプリョンという湖沼地帯で開かれたプランクトンの国際会議に出席したとき、知り合いのミジンコ※研究者に招かれて、彼の自宅を訪れた。彼は、居間でお茶を飲みながら談笑している最中に、窓を大きく開け、「見てください。すばらしいでしょう」といいながら誇らしげに庭を見せてくれた。私はそれを見て一瞬言葉を失った。なぜなら、その庭は雑草だらけだったのである。私にはそれがきれいな庭とは思えなかったのだ。そのとき、同行した日本人研究者が笑いながら「我が家の庭と同じです」とジョークを言ったが、相手はその意を解さずきょとん

強調

としていた。ドイツ人の彼にとっては、何も手を加えない自然のままの状態がすばらしい景観であるようだ。ということは、日本人が雑草と呼ぶ植物も彼には美しい植物なのである。』

強調

このやりとりにより、③ドイツ人と日本人の自然に対する考え方の違いを知り、また日本人が④偏見の目で植物を見ていることに気づかされたのであった。

その後、その家の主は、庭を掘ってつくった小さな池を指し、「あの池の中にはミジンコがいるんだよ」と言った。⑤さすが著名なミジンコ学者だ。この言葉で場の雰囲気が一気に和んだのである。

筆者の主張

考えてみると、日本人だったら池をつくるとまずそこに魚を入れるだろう。日本人にはそのような固定観念があり、それが考え方の多様性を失わせているように私は感じた。

問一　傍線部の前を見ると「役に立つか立たぬか」「身勝手さを批判」とあります。つまり、「雑草という名は人間が身勝手さでつけている＝雑草という名の植物はない」ということになりますのでウが正解になります。

問二　クズの例とあるのでクズについて書かれた具体例の部分を使います。そこを見ると、「日本ではクズ粉をつくる」「アメリカでは害草」とあるのでこの2つをまとめます。すると、「日本ではクズ粉をつくるのに役立っているが、アメリカでは大繁茂して害草となっている。」（四一字）になります。

問三　ドイツ人学者と日本人学者の庭に関するやりとりの具体例の部分を使います。すると「ドイツ人は手を加えない自然が美しい」「日本人は雑草と呼ぶ」とあるのでこの2つをまとめます。「日本人が雑草だらけだと考える庭であっても、ドイツ人は何も手を加えない自然のままの状態ですばらしい庭だと感じる。」（五五字）になります。

問四　傍線④の一文を確認すると「日本人が偏見の目で植物を見ている」とあるの

で抜き出しのヒントは「日本人」です。これをもとに探すと最終文に「日本人にはそのような固定観念」とあるので「固定観念」（四字）が解答になります。

問五　傍線⑤のあとで「日本人には（中略）考え方の多様性が失われているように私は感じた」とあるので「ドイツ人学者の考え方に納得した」ということです。

ア　冗談を言って学者を傷つけてしまったと思ったが、池のミジンコによってようやく名誉を回復することができたから。

イ　雑草だらけの庭には違和感があったが、池にミジンコを入れるという思いがけない学者の発想に驚いたから。

ウ　庭の雑草にはとまどいがあったが、池にミジンコを入れることは学者として当然であると皆が思ったから。

エ　雑草を庭に植えるなんて学者としての才能に疑問を抱いていたが、池のミジンコによって優秀さを理解できたから。

オ　庭の雑草に対する冗談には無関心だったが、さすがに学者としてミジンコに執着があることが分かったから。

よって、イの選択肢が正解になります。

問六　筆者の主張は最終文「日本人にはそのような固定観念があり、それが考え方の多様性を失わせているように私は感じた」です。これに基づいて選択肢を判断します。

ア　物事を役に立つか立たないかで判断しないで、その実態が本当はどうなっているのかを考えていくべきであろう。

イ　日本人は雑草の繁殖力を嘆くばかりではなく、それをもたらす日本の高い植物生産力に感謝しなければならない。

書かれてはいるが、このことを言いたい話ではない

ウ　地球上の生物はすべて個別に存在しているわけではなく、さまざまな食物連鎖の中でしか生きられないのである。

エ　温暖化問題を解決するためには、太陽エネルギーやバイオエタノールなどの利用を普及させなければならない。

オ　雑草ひとつとっても、いろいろなとらえ方ができ、多様な考え方を大切にして自然の豊かさを見つめ直していこう。

よって、オの選択肢が正解になります。

練習問題1の解答

問一　ウ

問二　日本ではクズ粉をつくるのに役立っているが、アメリカでは大繁茂して害草となっている。

問三　日本人が雑草だらけだと考える庭であっても、ドイツ人は何も手を加えない自然のままの状態ですばらしい庭だと感じる。

問四　固定観念

問五　イ

問六　オ

練習問題2

物語文の問題を解いてみよう！

次の文章を読み、あとの問いに答えなさい。

僕らはスイカを挟んで縁側に並んで座った。僕は裸足の脚をぶらぶらさせた。

「スイカ、喰えよ」

「うん、じゃあ。いただきます」

僕らはスイカに手を伸ばし、それを口に運んだ。祖母の言うように冷え冷えではなかったが、かなり甘くて美味しい。三日月に切ったスイカに歯形が付き、両方の頬っぺたに汁が流れた。

「根岸くんに連絡した？」

①僕はかぶりついたスイカの種を口の中で選り分けると、ほっぺたを膨らませて庭の近くへ種を吹き出した。

「してない。向こうからだってこないし」

高井はスイカの種を手のひらに出すと、それをお盆の隅に丁寧に置いた。

「みんなで不発弾探し再開しよう。藪の中だって探せばいい。ちゃんと蚊に喰われないように長袖のシャツとか着て、薬も用意して。それと、意地を張ってないで、根岸くんも誘ってさ」

「意地なんか張ってねーよ。それに悪いのは雄ちゃんだし。なんで、オレが謝んなきゃいけねーんだよ」

「小木くんに謝れなんて言ってないだろ。でも、みんなでやった方が②効率もいいし、それに……」と高井は言葉を切った。

「それに、なんだよ」

「それに……。みんなと一緒の方が楽しいだろう？」

雄ちゃんに意地悪されていた高井が、一緒の方が楽しいなんて。僕は黙ったまま、また種を吹き出した。

「根岸くんは、確かにお調子者で、すぐ怠けるし、気分屋だと思うよ。それに、僕のことは嫌いだろうし……。でも、小木くんとはずっと友達なんだろ？」

「うん、まぁ。幼稚園のときからな」

「③だったら、余計だ」

「お前が気にすることじゃねーよ」

縁側の前には、種を目当てに蟻が群がり始めていた。

「羨ましいって思ってたんだよな」

「はぁ？」

思わずスイカを口に運ぶ僕の手が止まった。

「教室でもどこでも、君ら、いつも三人で楽しそうじゃないか」

「お前は迷惑そうな顔してたじゃねーか」

「④ああ、あれはポーズさ」

僕が拍子抜けするほど、高井はあっさりと答えた。

「なんだ、それ？」

「僕は小さい頃から、習い事ばっかりやらされてたから、放課後、誰かと遊ぶこともなかった。クラスメイトはいたけど、気づいたら仲のいい友達がいない。こっちに転校してきても、実は一年で戻るって決まってるし。それに転校生だろ、仲間外れにされるのが厭だったんだな。どうせ、仲間外れにされるなら、自分から近づかないようにした方がカッコ良く見えるかなって思ったんだ。ほとんどの男子からは嫌われると思ってたけどさ。でも、君らがふざけてると楽しそうで、羨ましくてさ。なんかそんなの見ててムカっとすることもあったし、バカだなぁって思うこともあったけどさ。ほら、池跳びだって」

「バカで悪かったな」

「でも、一緒に磁石取りに行ったり、不発弾探したりするのって面白かった。友達と遊ぶのって楽しいんだなって。ほら、小木くんがさ、お前も仲間だって言ってくれただろう。嬉しかったな。だから、続けたいんだよ、仲間で不発弾探し」

以前ならきっと、キザなヤローだとムカついたのだろうけど、⑤高井は妙に素直に喋っている気がした。

「だから、根岸くんと仲直りしろよ。根岸くんが僕を嫌ったままでもいいからさ。明日は登校日だし、どっちみち学校で顔を合わさなきゃならないんだから」

「ああ、考えておく」

僕はそう言うと、またスイカの種を遠くへ吹き出した。

高井が帰って昼ご飯を食べてから、しばらくゴロゴロしていたけど、高井に言われたことがどうにも気にかかって、僕は起き上った。

「ああ、もうっ、くっそー。ちょっと行ってみるか」

《　A　》僕は自転車に跨がって雄ちゃんちへ向かった。気が進まない分、漕ぐペダルは重く、照りつける太陽が憎らしく思えた。

雄ちゃんちが近づくと、ゆっくりとペダルを漕いだ。

《　Ｂ　》

僕は言葉が見つからず、そのまま雄ちゃんちの前を通過した。そして角を三回曲がって、もう一度、雄ちゃんちの前に回り込んだ。でも、また通過した。

《　Ｃ　》そんなことを考えた。同じ道をぐるぐると四周しかけたときだった。雄ちゃんちの玄関扉が開いて誰かが出てきた。雄ちゃんのかあちゃんだ。僕はその姿に気づかないフリをして、スピードを落とすと目線をペダルの方へ下げた。

「あら、ブンちゃん」

おばさんが僕に気づき名前を呼んだ。

僕はいかにも今やってきたように、おばさんの前で自転車を降りた。

「こんちは」と、僕は頭を下げる。

「雄二かい？」

偶然、通りかかっただけだと言うつもりだったのに、つい、うんと頷いてしまった。

「ごめんね、ブンちゃん」おばさんは、いきなりそう謝った。

「え？」

「ケンカしたんだって？　まったく、あのばか。ホントにごめんね」

おばさんはパーマのかかったくしゃくしゃの髪に手を当てながら、僕に軽く頭を下げた。

「いや、ううん、その……」
⑥予期せぬ人から先制パンチをもらってしまった気がした。
「ちょっと待ってね、今、雄二、呼ぶから」

おばさんは、玄関から階段を見上げながら「雄二、ブンちゃんがきてくれたよ。ほら、雄二、何やってるんだい、もうっ」と、大きな声で雄ちゃんを呼んだ。

でも、二階からの返事はなかった。

「あのグズ。ごめんね、今、とっつかまえて下ろしてくるから」と、おばさんは腕まくりをした。

すると「オレ、会わねーから」と雄ちゃんの張り上げた声が聞こえた。

「何、ごちゃごちゃ言ってるんだい、お前は」

おばさんは、玄関に立て掛けてあったほうきをぐっとつかむと、勢いよくつっかけを脱いで上がり端に片足を掛けた。

「おばさん、いいよ」

僕は慌てて声を掛けた。放っておけば、雄ちゃんはほうきの柄で二、三発は殴られそうだ。


（森浩美『夏を拾いに』双葉文庫）

問一　①「僕はかぶりついたスイカの種を口の中で選り分けると、ほっぺたを膨らませて庭の近くへ種を吹き出した。」この時の「僕」の動作の説明として最も適当なものを、次のア〜エの中から一つ選び、記号で答えなさい。

ア　あてつけがましい忠告に反感をおぼえ、ことさら強がって男らしさを見せつけようとしている。

イ　いつも通りの優等生的な発言を聞いて嫌気がさし、わざと返事をあいまいにしようとしている。

ウ　思いがけず聞かれたくないことを聞かれたので、乱暴な動作で不快な感情をあらわにしている。

エ　急に質問されたのでまごついてしまい、気持ちを整理して返事の仕方をまとめようとしている。

問二　②「効率もいいし」とありますが、何の「効率」がいいのか。五字以内で文章中から抜き出しなさい。

問三　③「だったら、余計だ」とありますが、どのようなことが「余計」なのですか。分かりやすく言いかえた次の文の［　　］に当てはまる言葉を、文章中の言葉を使って一〇字以内で答えなさい。

□だったら、余計に仲直りする方がよいはずだ。

問四　④「ああ、あれはポーズさ」とありますが、高井君が「ポーズ」を取った理由を説明している一文を抜き出し、最初の三文字を答えなさい。

問五　⑤「高井は妙に素直に喋っている気がした。」とありますが、そのときの「僕」の心情を説明しているものを次のア～エの中から一つ選び、記号で答えなさい。

ア　今まで同級生を見下してきたことを高井くんが反省しているのに気付いて、許そうとしている。

イ　高井くんが仲間と一緒に遊ぶために、友達の大切さをもっともらしく訴えていると感じている。

ウ　高井くんの言葉は本心を語っているようで、そのまま受けとめようと思い始めている。

エ　高井くんは普段自分のいいところだけを見せるが、今は自分の欠点を出していると感じている。

問六《　A　》～《　C　》に当てはまる「僕」の心の言葉として最も適当なものを次のア～オの中から一つずつ選び、記号で答えなさい。

ア　高井が謝りに行けばよかったのに。

イ　おばさんに見つけられたらどうしよう。

ウ　もし会ったら最初になんて言えばいいんだ？

エ　謝るんじゃない、ただ様子を見に行くだけだ。

オ　向こうから僕を見つけて声をかけてくれないかな。

問七　⑥「予期せぬ人から先制パンチをもらってしまった気がした。」のはなぜですか。最も適当なものを次のア～オの中から一つ選び、記号で答えなさい。

ア　まずこちらからやっつけるつもりだったのに、関係のない人から突然攻撃されてしまったから。

イ　自分から謝るつもりだったのに、まったく思いがけない人から謝罪の言葉をかけられたから。

ウ　仲直りをするつもりだったのに、余計な人が間に入ったため雄ちゃんに会えなくなったから。

エ　様子を見に行くだけのつもりだったのに、結果として雄ちゃんを呼び出すことになったから。

練習問題2の解説

僕らはスイカを挟んで縁側に並んで座った。僕は裸足の脚をぶらぶらさせた。

登場人物

㊗僕「スイカ、喰えよ」

高「うん、じゃあ。いただきます」

僕らはスイカに手を伸ばし、それを口に運んだ。祖母の言うように冷え冷えではなかったが、かなり甘くて美味しい。三日月に切ったスイカに歯形が付き、両方の頬っぺたに汁が流れた。

高「根岸くんに連絡した?」

登場人物

①僕はかぶりついたスイカの種を口の中で選り分けると、ほっぺたを膨らませて庭の近くへ種を吹き出した。

僕「してない。向こうからだってこないし」

高井はスイカの種を手のひらに出すと、それをお盆の隅に丁寧に置いた。

登場人物

高「みんなで不発弾探し再開しよう。藪の中だって探せばいい。ちゃんと蚊に喰われないように長袖のシャツとか着て、薬も用意して。それと、意地を張ってないで、根岸くんも誘ってさ」

僕「意地なんか張ってねーよ。それに悪いのは雄ちゃん（根岸）だし。なんで、オレが謝んなきゃいけねーんだよ」

高「小木くん（僕）に謝れなんて言ってないだろ。でもみんなでやった方が②効率もいいし、それに……」と高井は言葉を切った。

僕「それに、なんだよ」

高「それに……。みんなと一緒の方が楽しいだろう？」

『雄ちゃんに意地悪されていた高井が、一緒の方が楽しいなんて』（僕の心の声）僕は黙ったまま、また種を吹き出した。

高「根岸くんは、確かにお調子者で、すぐ怠けるし、気分屋だと思うよ。それに、僕のことは嫌いだろうし……。でも、小木くんとはずっと友達なんだろ？」

僕「うん、まぁ。幼稚園のときからな」

高「③だったら、余計だ」

僕「お前が気にすることじゃねーよ」

縁側の前には、種を目当てに蟻が群がり始めていた。

高「羨ましいって思ってたんだよな」

僕「はぁ？」

　思わずスイカを口に運ぶ僕の手が止まった。

高「教室でもどこでも、君ら、いつも三人で楽しそうじゃないか」

高「お前は迷惑そうな顔してたじゃねーか」

高「④ああ、あれはポーズさ」

　僕が拍子抜けするほど、高井はあっさりと答えた。

僕「なんだ、それ？」

高「僕は小さい頃から、習い事ばっかりやらされてたから、放課後、誰かと遊ぶこともなかった。クラスメイトはいたけど、気づいたら仲のいい友達がいない。こっちに転校してきても、実は一年で戻るって決まってるし。それに転校生だろ、仲間外れにされるのが厭だったんだな。どうせ、仲間外れにされるなら、自分から近づかないようにした方がカッコ良く見えるかなって思ったんだ。ほとんどの男子からは嫌われると思ってたけどさ。でも、君らがふざけてると楽しそうで、羨ましくてさ。なんかそんなの見ててムカっとすることもあったし、バカだなぁって思うこともあったけどさ。ほら、池跳びだって」

僕「バカで悪かったな」

高「でも、一緒に磁石取りに行ったり、不発弾探したりするのって面白かった。友達と遊ぶのって楽しいんだなって。ほら、小木くんがさ、お前も仲間だって言ってくれただろう。嬉しかったな。だから、続けたいんだよ、仲間で不発弾探し」

『以前ならきっと、キザなヤローだとムカついたのだろうけど、⑤高井は妙に素直に喋っている気がした。』

僕の心の声

高「だから、根岸くんと仲直りしろよ。根岸くんが僕を嫌ったままでもいいからさ。明日は登校日だし、どっちみち学校で顔を合わさなきゃならないんだから」

僕「ああ、考えておく」

　僕はそう言うと、またスイカの種を遠くへ吹き出した。

時間の経過

高井が帰って昼ご飯を食べてから、しばらくゴロゴロしていたけど、どうにも高井に言われたことが気にかかって、僕は起き上った。

僕「ああ、もうっ、くっそー。ちょっと行ってみるか」

《　A　》僕は自転車に跨って雄ちゃんちへ向かった。気が進まない分、漕ぐペダルは重く、照りつける太陽が憎らしく思えた。

《　B　》

　雄ちゃんちが近づくと、ゆっくりとペダルを漕いだ。

僕は言葉が見つからず、そのまま雄ちゃんちの前を通過した。そして角を三回曲がって、もう一度、雄ちゃんちの前に回り込んだ。でも、また通過した。

《　C　》そんなことを考えた。同じ道をぐるぐると四周しかけたときだった。

雄ちゃんちの玄関扉が開いて誰かが出てきた。雄ちゃんのかあちゃんだ。僕はその姿に気づかないフリをして、スピードを落とすと目線をペダルの方へ下げた。

登場人物の増加

場面の切り替わり

おば「あら、ブンちゃん」

僕、小木

おばさんが僕に気づき名前を呼んだ。

同一人物

僕はいかにも今やってきたように、おばさんの前で自転車を降りた。

僕「こんちは」と、僕は頭を下げる。

おば「雄二かい？」

根岸、雄ちゃん

偶然、通りかかっただけだと言うつもりだったのに、つい、うんと頷いてしまった。

おば「ごめんね、ブンちゃん」おばさんは、いきなりそう謝った。

僕「え？」

おば「ケンカしたんだって？　まったく、あのばかね。ホントにごめんね」

おばさんはパーマのかかったくしゃくしゃの髪に手を当てながら、僕に軽く頭を下げた。

僕「いや、ううん、その……」

⑥予期せぬ人から先制パンチをもらってしまった気がした。

おば「ちょっと待ってね、今、雄二、呼ぶから」

おばさんは、玄関から階段を見上げながら「雄二、ブンちゃんがきてくれたよ。ほら、雄二、何やってるんだい、もうっ」と、大きな声で雄ちゃんを呼んだ。

でも、二階からの返事はなかった。

おば「あのグズ。ごめんね、今、とっつかまえて下ろしてくるから」と、おばさんは腕まくりをした。

すると雄「オレ、会わねーから」と雄ちゃんの声が聞こえた。

おば「何、ごちゃごちゃ言ってるんだい、お前は」

おばさんは、玄関に立て掛けてあったほうきをぐっとつかむと、勢いよくつっかけを脱いで上がり端に片足を掛けた。

僕「おばさん、いいよ」

僕は慌てて声を掛けた。放っておけば、雄ちゃんはほうきの柄で二、三発は殴られそうだ。

問一　設問対象者は「僕」です。その後の会話から僕は雄二と喧嘩をしていることがわかります。

ア　あてつけがましい忠告に反感をおぼえ、ことさら強がって男らしさを見せつけようとしている。

イ　いつも通りの優等生的な発言を聞いて嫌気がさし、わざと返事をあいまいにしようとしている。

ウ　思いがけず聞かれたくないことを聞かれたので、乱暴な動作で不快な感情をあらわにしている。

エ　急に質問されたのでまごついてしまい、気持ちを整理して返事の仕方をまとめようとしている。

よって、ウの選択肢が正解です。

問二　傍線②を含む一文を見ると「みんなでやった方が効率がいい」とあります。みんなでやっていることを探すと高井の会話に「不発弾探し」（五字）とあるのでこれが解答になります。

問三　「だったら」というのはその前の僕の会話に「幼稚園のときから」とあるのでこれを使います。なので「幼稚園からの友達」（八字）が解答になります。

問四　設問対象者は高井くんなので、高井くんの心情もしくは会話を探します。「迷惑そうな顔をしていた＝自分から近づかないように」と考えられるのでこの「どうせ～」の一文が解答になります。

問五　設問対象者は「僕」ですので僕の心情もしくは会話を探します。傍線部の「妙に素直に話しているように感じた」に注目です。

ア　今まで同級生を見下してきたことを高井くんが反省しているのに気づいて、許そうとしている。

イ　高井くんが仲間と一緒に遊ぶために、友達の大切さをもっともらしく訴えていると感じている。

ウ　高井くんの言葉は本心を語っているようで、そのまま受けとめようと思い始めている。

エ　高井くんは普段自分のいいところだけを見せるが、今は自分の欠点を出していると感じている。

よって、ウの選択肢が正解になります。

問六　《A》には気が進まないながらも雄二に会いに行くために自らを奮い立たせる心情が入りますので「エ」になります。

《B》は直後に「僕は言葉が見つからず」とあるので「ウ」になります。

《C》は何度も雄二の家のまわりを回っており、雄二と会うことに消極的になっていますから「オ」が入るのが適当です。

問七　設問対象者は「僕」です。傍線部「予期せぬ人」は雄二のお母さんなので、雄二のお母さんが「僕」に何をしたのかを考えると正解に近づきます。

ア　まずこちらからやっつけるつもりだったのに、関係のない人から突然攻撃されてしまったから。

イ　自分から謝るつもりだったのに、まったく思いがけない人から謝罪の言葉をかけられたから。

ウ　仲直りをするつもりだったのに、余計な人が間に入ったため雄ちゃんに会えなくなったから。

エ　様子を見に行くだけのつもりだったのに、結果として雄ちゃんを呼び出すことになったから。

よって、イの選択肢が正解です。

練習問題2の解答

問一　ウ

問二　不発弾探し

問三　幼稚園からの友達

問四　どうせ

問五　ウ

問六　A　エ　B　ウ　C　オ

問七　イ

おわりに

最後まで『1日10分！「音読」で国語の成績は必ず上がる！』をお読みいただきありがとうございました。

1人でも多くのお子さんに「国語を得意科目にしてもらいたい！」と思ったのが、この本を書くことになったきっかけです。

もちろん、この本を読んですぐに国語が得意になるということはないと思います。しかし、「あっ、そうか！　国語ってこうやって解くのか」といったなんらかの気づきやヒントが得られる本であるということは、自負しています。

最後にとっておきの、「誰でも確実に国語の成績を上げる方法」をお教えします。それは、「国語の勉強を後回しにしないこと」です。

勉強は、「数をこなしていれば点が上がりやすい」と思われている算数を中心に、覚えることの多い理科や社会に時間がかかりがちです。そのため国語は、後回しにされてしまいます。

しかし、国語は「慣れ」です。国語に触れる時間を増やせば、国語の成績は必ず上

がります。そして、ほかの教科の成績アップにも少なからず影響があります。

ですから国語の勉強を後回しにはせず、しっかりと国語にも時間を使うようにしてください。

勉強というものは正直です。正しく勉強をしていけば、必ず成績が上がっていくものです。

私も今ではえらそうに国語の解き方の本などを書いてはいますが、もともとあまり国語が得意ではありませんでした。記述問題は白紙が当たり前、選択肢問題も選んだ選択肢がことごとく外れるため、親からは「あなたが正解だと思った選択肢以外から選びなさい！」などと言われる始末です。

そんな私でも国語の勉強時間を増やしたことで、どんどん「国語力」がつき、最終的には国語が「大きな得点源の科目」へと変わっていきました。私にもできたのですからあなたのお子さんができないはずがありません。

あなたのお子さんも、自信を持って「国語が得意なんだ！」と言えるようになり、志望校に合格されることを願っております。最後までお読みいただいたことを、心より感謝申し上げます。

著者紹介

齋藤達也（さいとう・たつや）

1976年、横浜生まれ。

聖光学院中学校・高等学校で中高6年間を過ごし、東京都立大学（現・首都大学東京）法学部法律学科に入学。

大学卒業後は一般企業に勤めていたが、趣味でつくった中学受験体験談のHPの反響があまりに大きかったため、中学受験コンサルティングを始め、ついには本業に。これまで合格に導いた教え子は500人以上。

中学受験を指導しながら気づいたのが、「国語のできる子は、合格率が圧倒的に高い」という事実。そこで、国語の重要性を感じ、「国語の達人」というサイトを立ち上げたところ、受講希望者が殺到した。以降、「国語のできない子」「国語が何より苦手な子」の指導を続けているが、「正しい勉強の仕方」を教えると、どの教科よりも伸び幅が大きく、他教科の成績アップにもつながっているという。

著書に『小6からでも偏差値が15上がる　中学受験合格法』（あさ出版）がある。

●著者運営サイト
「私立中学へ行こう！」（中学受験コンサルティング）http://www.press2u.com
「国語の達人」http://kokugo.j-tatujin.com

1日《にち》10分《ぷん》！

「音読《おんどく》」で国語《こくご》の成績《せいせき》は必《かなら》ず上《あ》がる！　〈検印省略〉

2013年　4　月　18　日　第　1　刷発行

著　者——齋藤　達也（さいとう・たつや）
発行者——佐藤　和夫

発行所——株式会社あさ出版

〒171-0022　東京都豊島区南池袋2-9-9 第一池袋ホワイトビル 6F
電　話　03 (3983) 3225（販売）
　　　　03 (3983) 3227（編集）
F A X　03 (3983) 3226
U R L　http://www.asa21.com/
E-mail　info@asa21.com
振　替　00160-1-720619

印刷・製本（株）ベルツ
乱丁本・落丁本はお取替え致します。

facebook　http://www.facebook.com/asapublishing
twitter　http://twitter.com/asapublishing

ISBN978-4-86063-603-6 C0037